Holger Stromberg
Pure Cooking

COLLECTION
ROLF HEYNE

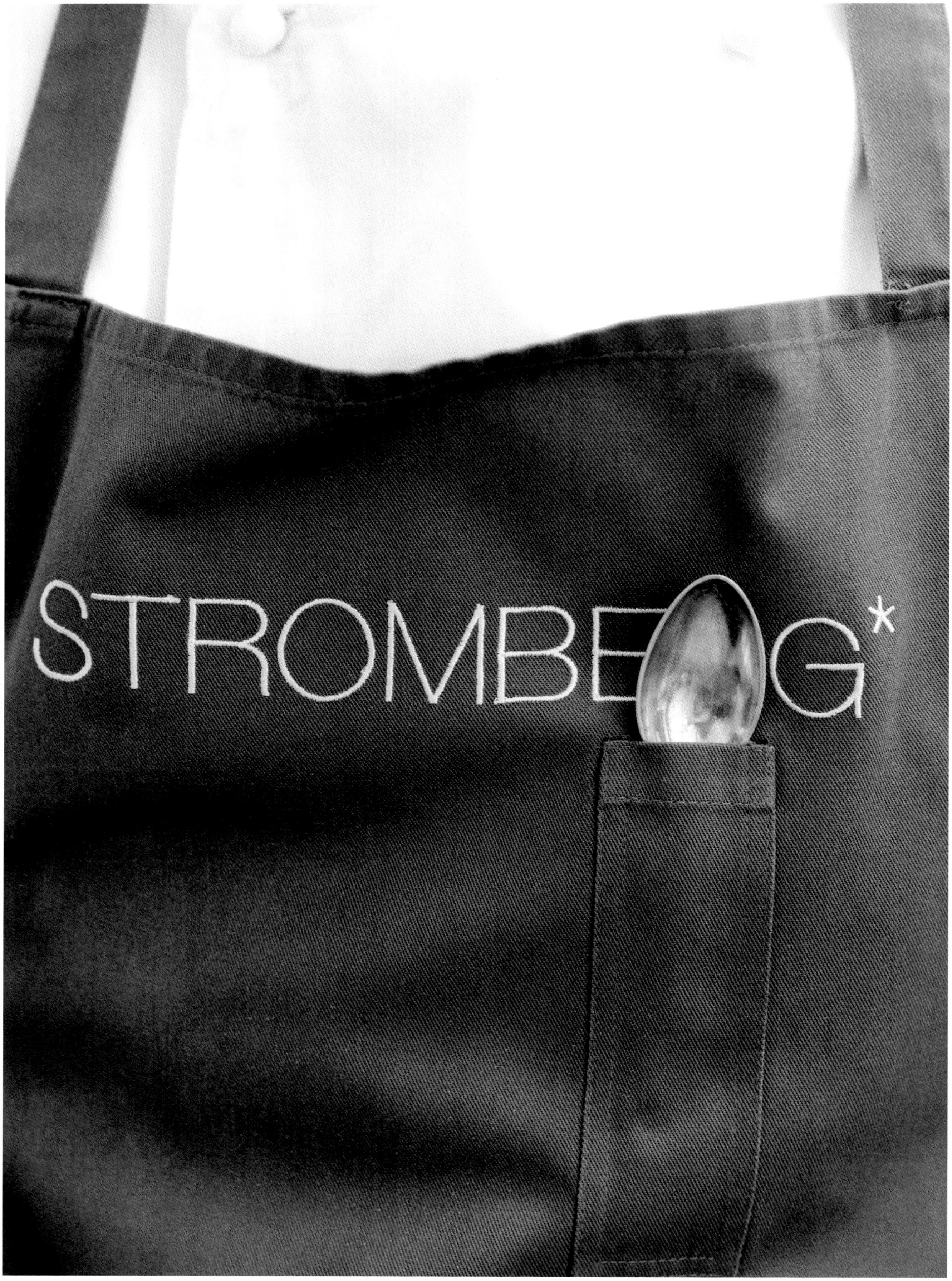
STROMBE G*

Holger Stromberg
Pure Cooking

COLLECTION ROLF HEYNE

INHALT

Holger Stromberg, Fußballkoch

Vorwort

Vielleicht werden Sie sich fragen, warum es für die Deutsche Nationalmannschaft notwendig ist, die Nudeln von einem Sternekoch zubereiten zu lassen. Sterne sind für uns an sich nur wichtig, wenn wir sie auf dem Trikot tragen, da jeder Stern für eine gewonnene Europa- oder Weltmeisterschaft steht. Holger wäre auch ohne Stern für unser Team nominiert worden. Der Grund dafür ist einfach: Er ist wie jeder unserer Betreuer ein Topmann in seinem Segment.

Die Nationalmannschaft ist ein komplexes Team von außergewöhnlichen Spielern, Trainern, Betreuern und Experten für Trainingswissenschaft, Psychologie, Medizin etc. Dabei ist es unser wichtigstes Ziel, das Maximale aus jedem Spieler herauszuholen. Dafür benötigen wir rund um das Team Profis, die uns dabei helfen, den Spielern ein perfektes Arbeitsumfeld zu bieten, das Körper, Geist und Seele in einen Dreiklang bringt, der sie zu Höchstleistungen führt.

Die Ernährung spielt dabei eine entscheidende Rolle. Wir legen Wert auf gesunde, schmackhafte Kost, die so zubereitet ist, dass sie den Motor der Spieler immer in Schwung hält. Da das Auge bekanntlich mit isst, sollte das Essen dementsprechend phantasievoll zubereitet sein. Die Spieler sollen sich jedes Mal darauf freuen.

Als ich privat einmal bei Holger in seinem Münchener Restaurant gegessen habe, war ich nicht nur von seiner Liebe zum Detail, der Frische und Schmackhaftigkeit seiner Gerichte begeistert, sondern darüber hinaus habe ich die Leidenschaft, mit der er seinem Beruf nachgeht, die Art und Weise wie sein Team diese Eigenschaften ebenfalls verkörpert und – bei aller Akribie – die Bodenständigkeit und Bescheidenheit von Holger geschätzt. Er stellt den Gast und seine Arbeit in den Vordergrund, nicht sich selbst. Dass er darüber hinaus auch noch ein leidenschaftlicher Fußballfan (Schalke 04 – jetzt ist es raus) ist, hat mich dazu veranlasst, über Holger als ein weiteres wichtiges Mosaiksteinchen zu unserem nächsten Ziel, die Europameisterschaft 2008, nachzudenken. Und Holger hat sich hervorragend eingefügt. Die Qualifikation für die EM ist geschafft! Und unsere Spieler, aber auch der gesamte Betreuerstab, freut sich immer wieder, von Holger überrascht zu werden.

Wenn die Mannschaft so spielt, wie Holger kocht, wird das Sprichwort »man ist, was man isst«, zutreffen: Weltklasse! Und wir werden dann auch dank Holger einen Stern mehr auf unseren Schürzen beziehungsweise Trikots tragen.

Oliver Bierhoff
Manager Deutsche Nationalmannschaft

Im eigenen Lokal ist jeden Abend Endspiel

Ich bin durch und durch Schalke-Fan. Nur einmal habe ich für zwei Jahre das Lager gewechselt und den Bayern zugejubelt – eine Trotzreaktion, um meinen älteren Bruder zu ärgern. Weil er mir körperlich überlegen war, wollte ich ihn mit anderen Mitteln zur Weißglut bringen. Von Rummenigge war ich damals allerdings ehrlich beeindruckt, aber im Herzen bin ich auch während meines »Fan-Exils« den Schalkern treu geblieben. Und heute nehme ich mir wenigstens zwei Mal pro Jahr die Zeit und schaue mir Spiele in der Arena auf Schalke an. Das ist ein großartiges Erlebnis. Diese Atmosphäre, die Fans, die unglaubliche Stimmung – das reißt mich jedes Mal wieder mit. Ich treffe dort alte Freunde aus meiner Jugend, die mich einfach so nehmen wie ich bin und mich zum Glück nicht anders behandeln als vor zwanzig Jahren. Für einige Stunden bin ich dann wieder der Junge von nebenan und fühle mich auf eine ganz spezielle Weise sehr geborgen.

Von kulinarischen Sporen und Fußballstutzen

Das mag vielleicht auch daran liegen, dass ich schon als Kind früh mit der Kombination Küche und Kicken in Berührung kam. Als ich fünf oder sechs Jahre alt war, fungierte das Gasthaus meines Vaters gleichzeitig als Vereinslokal des VfB Waltrop. Mitte der 1970er Jahre war es völlig normal, dass sich die Spieler mit Bockwurst und Bier stärkten. Sie gaben auf dem Platz alles, ohne vorher auch nur einen Gedanken an die »richtige« Ernährung für die optimale Fitness zu verschwenden. Niemand hat sich damals ernsthaft damit beschäftigt. Im Gegenteil, ich weiß noch genau, wie unglaublich stolz ich darauf war, wenn ich die Herren einmal selbst bewirten durfte. Dann servierte ich ihnen erst einmal ein ordentliches Wiener Schnitzel, schön herausgebacken, das ich später selbst zubereitete.

Meine ersten kulinarischen Sporen steckten also schon damals sozusagen an Fußballstutzen – auch wenn ich selbst nie auf die Idee gekommen wäre, aktiv zu kicken. Ich bin schon als kleiner Knirps lieber um vier Uhr früh aufgestanden, um mit meinem Vater noch vor dem Kindergarten zum Gemüse- oder Fischgroßmarkt zu fahren. Oder habe mit einer Hingabe Fleisch durch den Wolf gedreht, als gäbe es nichts Schöneres auf der Welt – und für mich war das auch so.

Die Schulzeit wollte ich einfach nur rasch und einigermaßen unbeschadet überstehen, um endlich eine Kochlehre anfangen zu können. Ehrgeiziges Gerangel um Noten interessierte mich nicht. Ich wollte kochen, wollte genießen, wollte in die Gastronomie. Es war demnach kaum verwunderlich: Das einzige Schulfach, das ich mit »sehr gut« bestanden habe, war Hauswirtschaft …

Mit 16 Jahren ging es dann endlich zur Ausbildung ins Schwabenland – harte Lehrjahre, die ich aber nicht missen möchte. In dieser Zeit habe ich gelernt, dass 80-Stunden-Wochen nichts Besonderes sind und dass es in unserem Beruf auf den bedingungslosen Willen ankommt, vorwärtszukommen – und auf die Liebe und die Leidenschaft für die Arbeit. Wenn ich nicht mit all meinen Sinnen und meiner ganzen Kraft bei der Sache bin, wenn ich diese Liebe und Leidenschaft nicht mit jedem Atemzug einbringe, dann leidet das Ergebnis. Einen Karton muss man nur ein einziges Mal entwerfen, danach kann jeder nach Schablonen noch in zehn Jahren Kartons nach exakt dem gleichen Muster falten. Beim Kochen dagegen gibt es kein Schema F, jeder Koch hat seinen eigenen charakteristischen Stil. Man kann nicht erwarten, dass ein Gericht, das von verschiedenen Köchen zubereitet wird, bei allen gleich und heute genauso schmeckt wie übermorgen. Kochen bedeutet ständiges Weiterentwickeln, es ist ein Prozess, eine Art kreative Wanderschaft im wahrsten Sinne des Wortes.

Nach meinen Wanderjahren durch einige der besten Küchen Europas und großartigen Begegnungen mit Top-Köchen wie Harald Wohlfahrt oder Marc Haeberlin habe ich mir meinen eigenen Stern im »Goldschmieding« in Castrop-Rauxel vom Himmel geholt. Das war 1999 und ich damit Deutschlands jüngster Sternekoch. Meine letzte Station in festem Lohn und Brot war schließlich das »Restaurant Mark's« im Grand Hotel »Mandarin Oriental Munich«. Seitdem stehen meine eigenen Projekte im Vordergrund: Dazu gehört neben meiner Catering-Firma auch mein eigenes Restaurant, das G* Munich. Ein eigenes Lokal zu haben, das war schon immer einer meiner großen Träume. Als Küchen- und Restaurantchef muss ich Weitblick besitzen und die Fähigkeit, mich nicht hinter dem Herd zu verschanzen. Denn was zählt, ist das große Ganze, das in dem Moment beginnt, wenn ein Gast die Tür öffnet. Der erste Eindruck, das Ambiente, der Service – noch bevor der Gast ans Essen denkt, beginnt das Erlebnis. Denn die Leute kommen eben nicht nur zum Essen in ein Restaurant. Sie erwarten ein spannendes Ereignis, sie wollen etwas erleben. Und hier bin ich wieder beim Fußball:

> »Das Lokal ist das Stadion und die Gäste sind die Fans, die begeistert werden wollen. Und als Koch der Nationalelf sind es die Fußballer, die ich zum Jubeln bringen will.«

Seit August 2007 bin ich Teil des 60-köpfigen offiziellen Betreuerstabs. Wenn ich mit dem Team unterwegs bin, sind das Kochen und das Zusammenstellen des Speiseplans nur ein Teil meiner Arbeit. Zusammen mit dem Teamattaché und dem Verantwortlichen des Euro Lloyd DFB Reisebüros bilde ich das sogenannte Vorkommando. Wir sind dafür verantwortlich, dass im jeweiligen Hotel, das die Mannschaft bezogen hat, alles bis ins kleinste Details genauso ist, wie es zu sein hat. Dazu gehört die Zimmeraufteilung, die Ausstattung der Meetingräume und Lounge-Bereiche und natürlich die Koordination der zeitlichen Abläufe: Wann kommt das Equipment, wann die Spieler, wann gibt es Abendessen und so weiter. Alles ist generalstabsmäßig geplant.

Natürlich nehme ich auch die Hotelküche genau unter die Lupe. Wenn das, was ich vorfinde, nicht meinen Ansprüchen genügt, muss ich kurzfristig umdisponieren. In manchen Ländern sind etwa die Hygienestandards einfach nicht so, wie wir das gewohnt sind. Da die Gesundheit der Spieler für mich aber allerhöchste Priorität hat, kann ich im Fall der Fälle auch ein komplettes mobiles Küchenzelt ordern. Vor allem meine Erfahrung im Catering kommt mir dabei sehr zugute. Blitzschnell umschalten, wenn etwas nicht nach Plan läuft, sich von jetzt auf gleich auf eine neue Situation einstellen – das kenne ich von den unzähligen Veranstaltungen, die ich vom ersten Glas Champagner bis zum letzten Dessertlöffel betreut habe. Ich bin immer auf eine Überraschung gefasst, das ist ein Riesenvorteil. Doch ganz gleich wie turbulent es während der Vorbereitung war, sobald die Spieler kommen, ist absolute Ruhe das Gebot der Stunde. Damit meine ich natürlich nicht, dass wir Betreuer alle nur noch flüstern dürfen. Gemeint ist die Ruhe in den Abläufen. Alles ist an seinem Platz, jeder weiß zu jeder Zeit exakt, was als Nächstes kommt. Denn jede Störung, jede Aufregung kann sich negativ auf die Konzentration und die Leistung der Spieler auswirken.

Dass der sportliche Erfolg auch eine kulinarische Seite hat, ist inzwischen hinlänglich bekannt. Vor allem seit der »Ära Klinsmann« gehört es im Kader einfach dazu, neuen Entwicklungen gegenüber offen zu sein. Die Ernährung ist dabei ein wesentlicher Baustein, ein wichtiges Puzzelstück, das das Bild einer erfolgreichen, aktiven und selbstbewussten Mannschaft komplettiert. Es ist also nur konsequent, sich mit der gleichen Akribie, Leidenschaft und Ernsthaftigkeit um die Ernährung zu kümmern wie um die richtige Muskeldehnung. Und ich will mit meiner Arbeit im Kader meinen Teil dazu beitragen, dass die Spieler auf dem Platz ihr Bestes geben können.

Du bist, was du isst!

Das Resultat einer schlechten Mahlzeit ist schlecht

Jeder von uns kennt wohl eine dieser wilden Geschichten, die man sich von Sportlern erzählt: Dass sie im Training täglich zwei Kilo Spaghetti verspeisen, fünf Bananen und hinterher noch einen halben Käsekuchen. Und wer erinnert sich nicht an »Rocky«, der sich im gleichnamigen Film mit einem Glas roher Eier stärkt?

Wenn es natürlich auch stimmt, dass in Nudeln viele Kohlenhydrate stecken, die wichtig für die Ausdauer sind und dass Eiweiß für den Muskelaufbau unentbehrlich ist, besonders genussreich klingen solche Ernährungspläne nicht. Und hierin liegen auch Dilemma und Vorurteil begründet: Ja, es besteht eine Verbindung zwischen Ernährung und Leistungsfähigkeit, das erlebe ich als Koch der Deutschen Fußballnationalmannschaft hautnah. Gesunde Ernährung tut gut, für mich ist sie sogar eine Art Medizin. Sie hilft dabei, sich gut zu fühlen, aktiver und energiegeladener durch den Tag zu kommen. Sie erhöht die Konzentration während einer Prüfung, man ist gelassener, hat eine schönere Haut und stabilere Knochen im Alter. Es gibt unendlich viele positive Wirkungen, die bestimmte Nährstoffe auf Geist und Körper haben. Aber schmeckt eine gesunde Ernährung auch? Und macht sie Spaß?

> »Kochen macht am meisten Spaß, wenn man's sportlich nimmt: sich locker machen und einfach loslegen!«

Ich sage uneingeschränkt ja! Denn auch ein verlockend duftendes Thaicurry oder Schokoladenpudding mit Himbeeren können höchsten Ansprüchen genügen, wenn sie richtig zubereitet sind. Und das hat an erster Stelle etwas mit der Qualität der Grundprodukte zu tun. Öl ist eben nicht gleich Öl, und Salz nicht gleich Salz.

Mit diesem Buch möchte ich Ihnen ein paar Grundideen mit auf den Weg geben, wie man sich richtig gut ernährt und sich dabei richtig gut fühlt. Dabei möchte ich keine Moralpredigten halten, und auch Ernährung als Wissenschaft zu betreiben, überlasse ich lieber den Experten.

Ich möchte bei Ihnen die Lust entfachen, sich mit guten Produkten auseinanderzusetzen und neue Geschmacksrichtungen auszuprobieren. Und wenn sich dann mit dem Essen die Energie verstärkt, wenn man spürt, wie viel kraftvoller und wohler man sich fühlt, dann wird aus dem neuen Körper- auch ein neues Lebensgefühl.

Deshalb habe ich dieses Buch für all diejenigen gemacht, die sich vorgenommen haben, sich und ihrer Gesundheit jeden Tag etwas Gutes zu tun und der alten Binsenweisheit »Du bist, was du isst« einen neuen, frischen Dreh abgewinnen wollen. Für alle Neugierigen, denen bei aller Komplexität des Themas eine einfache, genussreiche und in jedem Fall sinnliche Art der Annäherung wichtig ist.

Ein Buch für alle, bei denen nicht nur das Auge mitisst, sondern auch der Verstand. Und für die, die sich selbst mehr Sport verordnet haben oder den vielfältigen Belastungen des Alltags ab sofort mit mehr Energie ein Schnippchen schlagen wollen.

Das Schöne dabei ist: Vernunft und Genuss schließen sich keineswegs aus. Den Beweis dafür trete ich auf den folgenden Seiten an. Mit rund 100 Gerichten vom Frühstück bis zum Abend, die ganz komfortabel im Alltag Platz haben und den passenden Zutaten, um sich im eigenen Körper wohlzufühlen.

Und natürlich ist dieses Buch für alle leidenschaftlichen Fußballfans, deren Herz bei jedem guten Spiel ein bisschen höher hüpft.

Qualität, Frische, Respekt
Drei, auf die es ankommt

Was aber ist das Wichtigste beim Kochen? Wenn man diese Frage ernsthaft und erschöpfend beantworten wollte, könnte man vermutlich den Platz aller Bücher der Welt füllen. Deshalb möchte ich versuchen, diese Frage mit wenigen, aber entscheidenden Aspekten zu beantworten.

Ganz entscheidend ist für mich die Qualität der Grundprodukte. Ein hervorragendes Öl, das richtige Salz – das ist die Basis, auf der sich der Geschmack optimal entfalten kann. Diese Reinheit, wenn man so will, kann ein Gericht um Welten verändern. Ich beschäftige mich seit einiger Zeit mit der Bedeutung der Basiszutaten. Vor einigen Jahren machte ich mir noch viel mehr Gedanken darüber, wo ich zum Beispiel die beste Jakobsmuschel herbekomme. Heute dagegen frage ich: Wer liefert mir das beste Mehl? Wo finde ich die richtigen Salze? Was macht den perfekten Zucker zum Backen aus und welcher eignet sich am besten für Desserts? Solchen vermeintlich einfachen Fragen auf den Grund zu gehen, ist eine Wissenschaft für sich, die ich unglaublich faszinierend finde – auch, wenn ich damit selbst noch relativ am Anfang stehe. Kochen ist eben eine Kunst, die sich wie jede kreative Arbeit ständig weiterentwickelt, genauso wie sich unser Geschmack permanent verändert.

Dieses »Hinspüren« an eine Reinheit und Ursprünglichkeit ist heute Teil eines generellen Bewusstseinswandels, der sich auch beim Thema Ernährung niederschlägt. »Zurück zu den Wurzeln« heißt die Devise. Früher landeten regionale Produkte ganz selbstverständlich im Kochtopf, nicht selten auch aus der Not heraus, weil es nichts anderes gab, schon gar nichts Exotisches vom anderen Ende der Welt. Inzwischen besinnt man sich wieder auf das Gute, das direkt vor der Haustüre wächst. Das hat natürlich auch etwas mit der gestiegenen Sensibilisierung für ethisch korrekt gewonnene Nahrungsmittel zu tun. Denn wenn man wieder mehr beim Bio-Bauern direkt vom Hof aus der Gegend kauft, ist ein positiver Nebeneffekt tatsächlich, dass man damit viel Gutes für die Umwelt und ökologische Nachhaltigkeit tut.

Eng damit verbunden ist die Renaissance des saisonalen Kochens. Erdbeeren und Dezember passen eben nicht zusammen, das hat auch etwas mit Respekt vor der Natur zu tun. Überhaupt gehört für mich zum respektvollen Umgang mit einem Lebensmittel, ein Gespür dafür zu entwickeln, wie ich es schützen kann. Sowohl hinsichtlich seines Geschmacks und der Inhaltsstoffe, aber auch hinsichtlich ökologischer Gesichtspunkte. Dazu gehört, dass man sich mit den Fragen auseinandersetzt: Woher kommt ein Produkt, wie entsteht es? Und natürlich: Wie kann ich es sorgsam – also respektvoll – verarbeiten?

Dabei geht es nicht darum, täglich drei Sterne vom Himmel zu kochen. Diesen Anspruch haben wohl die Wenigsten, vor allem, wenn sie zu Hause am Herd stehen. Aber es geht sehr wohl darum, täglich gesund und schmackhaft zu kochen. Und das geht viel einfacher als man denkt. Regel Nummer eins lautet: Auf die Frische kommt es an. Wir gehen mit diesem Thema ganz anders um als zu Großmutters Zeiten, als alles beinahe tot gekocht wurde. Heute kommt mehr Frische auf den Teller, und das ist gut so. Von einem Gemüse möchte ich auch nach dem Kochen noch die Farbe erkennen, ich möchte die Paprika in meinem Eintopf noch herausschmecken und vor allem soll sie noch die wertvollen Nährstoffe liefern, die in ihr enthalten sind. Für all das ist Frische unentbehrlich. Ganz abgesehen davon, dass gerade Gemüse nach einer schonenderen Zubereitungsweise viel besser schmeckt.

Gesund ernähren, aber wie?

Einige Grundregeln

Die Rezepte dieses Buches sind ein authentischer Auszug aus dem Speiseplan der Deutschen Fußball-Nationalmannschaft und basieren auf den sporternährungswissenschaftlichen Vorgaben des DFB-Betreuerstabes. Auch wenn die Anforderungen, die Sportler an ihre Ernährung stellen, sich in einigen Punkten von unserem »normalen« Speiseplan unterscheiden, gibt es doch ein ganz entscheidendes gemeinsames Kriterium: Die richtige Auswahl der Lebensmittel und der Lebensmittelmenge. Nach den Empfehlungen der Deutschen Gesellschaft für Ernährung (DGE) sollten bei einer gesunden, ausgewogenen Ernährung

50 – 60 Prozent der Tageskalorienmenge aus Kohlenhydraten,
15 – 20 Prozent aus Eiweiß und
25 – 30 Prozent aus Fett stammen.

Die Wirklichkeit in unserem Alltag sieht leider in der Regel anders aus. Denn wir stehen täglich einem überwältigenden Angebot an Lebensmitteln gegenüber, das so manchen ratlos und überfordert zurücklässt. Dadurch erhöht sich die Gefahr, sich ungesund zu ernähren, enorm. Unwissenheit, Stress, jede Menge Fast Food zwischendurch – all diese Faktoren tragen zu dem fehlerhaften Ernährungsverhalten bei, das unseren Alltag bestimmt. Tatsache ist, dass der durchschnittliche Bürger weitaus mehr Kalorien zu sich nimmt als empfohlen. Die Entstehung von Übergewicht ist vorprogrammiert – die Weltgesundheitsorganisation spricht in diesem Zusammenhang sogar von einer »globalen Epidemie des 21. Jahrhunderts«.
Auch Deutschland ist betroffen. Jüngere Studien haben gezeigt, dass zwei von drei deutschen Männern und jede dritte Frau zu dick ist. Jeder dritte Jugendliche und jedes fünfte Kind ist übergewichtig. Das sind mehr als dreieinhalb Millionen Jungen und Mädchen unter 18. Acht Prozent der Zehn- bis 14-Jährigen und vier Prozent der Fünf- bis Siebenjährigen sind sogar adipös, also krankhaft übergewichtig. Eine über Jahre und Jahrzehnte eingeübte falsche Ernährung legt den Grundstein für bekannte Wohlstandskrankheiten wie Bluthochdruck, erhöhte Blutfettwerte, Diabetes, Schlaganfall und Herzinfarkt.
Wenn man einige Grundregeln beachtet, ohne sich dabei gleich zum Sklaven der Kalorientabelle zu machen, kann man nicht nur erfolgreich, sondern auch mit viel Spaß dieser Entwicklung entgegensteuern.

Was bedeutet gesunde Ernährung eigentlich?

Doch bevor es so weit ist, sollte man sich mit einigen grundsätzlichen Elementen unserer Ernährung vertraut machen.
Wie viele Kalorien ein Mensch am Tag benötigt, hängt von dessen Grundumsatz ab. Dieser bezeichnet die Menge an Kalorien, den ein Körper zur Aufrechterhaltung seiner Grundfunktionen benötigt. Die Grundfunktionen sind der Herzschlag, die Regulierung der Körpertemperatur, die Verdauung, Atmung usw. Dieser Grundumsatz ist in erster Linie vom Geschlecht, Alter und dem Grad der körperlichen Aktivität abhängig. Bei Sportlern ist er also in der Regel höher als bei »Couchpotatoes«.
Unsere Nahrung besteht im Wesentlichen aus drei Hauptbestandteilen: aus Kohlenhydraten, Eiweiß und Fetten.

Kohlenhydrate sind dabei die besten Energielieferanten. Sie setzen sich aus einer unterschiedlichen Anzahl von Zuckern zusammen. Die Anzahl der Zuckermoleküle und ihre Bindung zueinander spielen für die Ernährung eine wichtige Rolle. Man unterscheidet – je nach der Bindung der Moleküle – zwischen Einfachzucker, Zweifachzucker und Vielfachzucker (komplexe Kohlenhydrate).

Kohlenhydrate

Einfache Kohlenhydrate wie z. B. die Fruktose im Obst bestehen nur aus einem einzigen Zuckerbaustein und gelangen sehr schnell ins Blut. Sie lassen den Blutzuckerspiegel rasch ansteigen und steigern die Ausschüttung von Insulin. Mehr Insulin bedeutet wiederum den vermehrten Abbau von Glukose und eine Senkung des Blutzuckerspiegels. Dadurch entsteht rasch ein erneutes Hungergefühl. Für einen kurzen Energiekick zwischendurch sind einfache Kohlenhydrate also durchaus geeignet, für eine länger anhaltende Energiezufuhr sind komplexere Kohlenhydrate gefragt: Die muss der Körper nämlich zuerst in Einfachzucker aufspalten, dadurch erfolgt ihre Aufnahme ins Blut langsamer und nachhaltiger. Solche komplexen Energielieferanten, die auch wichtige Vitamine, Mineralstoffe und Ballaststoffe enthalten, finden sich in Getreide, Vollkornprodukten, Brot, Reis, Nudeln, Kartoffeln, Hülsenfrüchten, Gemüse und manchen Obstsorten.

Der Körper muss zwar, ähnlich wie beim Eiweiß, Energie aufwenden, um langkettige Kohlenhydrate verwertbar zu machen. Aber leider werden »überflüssige« Kohlenhydrate vom Körper nicht einfach wieder ausgeschieden, sondern als körpereigene Stärke in der Leber und in den Muskeln als schnelle Energiereserve gespeichert. Darüber hinaus wird überschüssige Glukose in Fett umgewandelt, das sich dann als »Fettpölsterchen« im Unterhautgewebe ablagert. Selbst wenn man sich also bewusst fettarm ernährt, kann man durch zu viele Kohlenhydrate zunehmen.

Eiweiße

Eiweiße (Proteine) sind die wichtigsten Baustoffe unseres Körpers. Sie bestehen aus kleinen Einheiten, Aminosäuren genannt. Aus Eiweißmolekülen sind nicht nur alle unsere Zellen, Organe und Nerven aufgebaut, sondern auch Hormone und Enzyme. Acht der zwanzig Aminosäuren sind lebensnotwendig und müssen mit der Nahrung aufgenommen werden, da der Körper sie nicht selbst bilden kann. Aber natürlich ist Eiweiß auch ein Energieträger.

Eiweiß ist entweder tierischer oder pflanzlicher Herkunft und kommt in Fleisch, Wurst, Geflügel, Fisch, Meeresfrüchten, Eiern, Käse, Milch und Milchprodukten vor. Bei pflanzlichen Nahrungsmitteln steckt Eiweiß vorwiegend in Sojaprodukten, Hülsenfrüchten, in Vollkorngetreide und Nüssen.

Allgemein wird eine tägliche Aufnahme von 1 g Protein pro Kilogramm Körpergewicht empfohlen. Da aber tierische Eiweißquellen wie Fleisch häufig auch sehr fetthaltig sind, sollte man häufiger auf pflanzliches Eiweiß ausweichen.

Fette

Dritter Hauptbestandteil unserer Nahrung sind die Fette. Sie gelten weithin als Dickmacher, da sie doppelt so viele Kalorien haben wie Kohlenhydrate oder Eiweiß. Aber Fett ist nicht gleich Fett – und vor allem: Ganz ohne Fette kommt unser Körper nicht aus. Denn Fette dienen als Energiequelle, Geschmacksträger und sind unentbehrlich für die Aufnahme der fettlöslichen Vitamine A, D, E und K.

Man unterscheidet bei den Fetten zwischen gesättigten sowie einfach und mehrfach ungesättigten Fettsäuren, je nachdem, wie die einzelnen Atome/Moleküle miteinander verbunden sind. Gesättigte Fettsäuren stecken überwiegend in tierischen Lebensmitteln, wie Butter, Sahne, Mayonnaise, Fleisch, Wurst und Käse. Sie fördern die Cholesterin-Bildung und erhöhen so das Risiko für Herz-Kreislauf-Erkrankungen.

Einfach ungesättigte Fettsäuren finden sich vorwiegend in pflanzlichen Produkten, etwa in Oliven- oder Rapsöl, Nüssen und Samen. Sie erfüllen im Organismus viele wichtige Funktionen.

Mehrfach ungesättigte Fettsäuren kann der Körper nicht selbst herstellen, man muss sie also über die Nahrung aufnehmen. Sie sind überwiegend pflanzlicher Herkunft und werden in Omega-6- und Omega-3-Fettsäuren eingeteilt. Omega-3-Fettsäuren sind für den Körper besonders wichtig und kommen in Avocados, Leinsamen-, Soja- oder Walnussöl, aber auch im Fett von Makrele, Lachs, Hering, Forelle und Thunfisch vor. Diese Omega-3-Fettsäuren wirken sich positiv auf das Herz-Kreislauf-System aus und können das Risiko von Krankheiten in diesem Bereich reduzieren.

Zu viele gesättigte Fette hingegen machen auf Dauer übergewichtig und krank. Es kommt zu erhöhten Blutfettwerten, gestiegenem Cholesterinspiegel und als Folge zur Arterienverkalkung. Damit wächst die Gefahr, zum Beispiel an einer Thrombose zu erkranken oder einen Herzinfarkt zu erleiden.

Für die Praxis können Sie sich merken: Generell nicht mehr als 60 bis 70 Gramm Fett pro Tag! Weniger Lebensmittel, die reich an gesättigten Fettsäuren sind. Bauen Sie mindestens zweimal wöchentlich eine Portion Seefisch und hochwertige Pflanzenöle in Ihren Speiseplan ein. Und achten Sie auf versteckte Fette in Wurst, Schokolade und ähnlichen Produkten.

Gesund kann super schmecken!

So, nun aber genug der grauen Theorie, die man verkürzt vielleicht so zusammenfassen könnte:

Kohlenhydrate: Energie pur! Aber bitte in kontrollierten Mengen.

Eiweiße: Die pflanzlichen nicht vernachlässigen.

Fette: Auf die Fettart kommt es an.

Vitamine & Mineralstoffe: Unverzichtbar für die Gesundheit.

Wie man diese Grundlagen beherzigen und gleichzeitig genussreiche und leckere Gerichte auf den Tisch zaubern kann, zeigen Ihnen die Rezepte in diesem Buch. Viel Spaß beim Nachkochen!

Tipps & kleine Warenkunde
Sparen Sie nicht bei Ihren LEBENSmitteln!

»Bestimmte Salze sind besonders grobkörnig, manche Kristalle sehen fast aus wie kleine Schneeflocken. Damit man besser dosieren kann – aber auch für die haptische Erfahrung, stelle ich verschiedene Salze immer in kleinen Schüsseln auf den Tisch. Das wissen auch die Spieler mittlerweile. Anfangs jedoch verlangte einer der Jungs hartnäckig nach dem Salzstreuer. Dass Salz auch außerhalb des Streuers existiert, war eine völlig neue Erfahrung. Das ist doch kein Salz, meinte er damals …«

Salz

Unter Salz, wie man es meistens kaufen kann, versteht man heute gemeinhin nur noch das künstlich hergestellte Kochsalz oder »Natriumchlorid«. Natürliches Meer- oder Steinsalz hingegen besteht aus einer ausgewogenen Mischung von Dutzenden verschiedener Stoffe; dabei ist Natriumchlorid nur ein Bestandteil unter vielen. Deshalb ist natürliches Salz auch weniger salzig!
Und Zusatzstoffe wie z. B. die »Rieselhilfe« Aluminiumhydroxid braucht wirklich kein Mensch, zumal inzwischen die Stimmen immer lauter werden, die in Aluminium einen der Hauptverursacher von Alzheimer sehen.

Meersalz

Meersalz wird in der Regel in sogenannten Salzgärten aus Meersalz gewonnen. Neben Natriumchlorid sind darin auch noch geringe Mengen beziehungsweise nur Spuren von anderen Stoffen enthalten, unter anderem Jod, Kalium, Magnesium und Mangan. Steinsalz ist im Grunde nichts anderes als Meersalz, das vor Millionen von Jahren durch das Austrocknen großer Meere entstanden ist.

Fleur de Sel aus der Guerande

Fleur de Sel hat ein mild-süßes mineralisches Aroma, das leicht an Thymian erinnert. Übersetzt bedeutet es »Salzblume«. Dieses Salz aus der Bretagne gilt als das kostbarste Salz, da es in aufwendiger Handarbeit und nur in kleinen Mengen geerntet wird. Es ist weißer und reiner als das später geerntete Meersalz.

Murray River Sun Salt Flakes

Australisches Murray-River-Salz besteht aus feinen, pfirsichfarbenen Kristallen, die aufgrund ihrer feinen Konsistenz ideal zum »Aus-der-Hand-Nachwürzen« sind. Im Mund schmelzen sie förmlich auf der Zunge. Die feinen Salzflocken, die ihre zarte rosa Färbung durch salztolerante rote Algen erhalten, haben ein mildes Aroma.

Vollrohrzucker

Vollrohrzucker ist der reine, getrocknete Saft des Zuckerrohrs. Ein Naturzucker im wahrsten Sinne des Wortes, dem weder Stoffe entzogen, noch hinzugefügt wurden. Aufgrund des Gehalts an Kalium, Magnesium und Kalzium wirkt der Vollrohrzucker basisch. Das heißt, er hat im Gegensatz zum raffinierten beziehungsweise teilraffinierten Zucker keinen negativen Einfluss auf die Darmflora.

Muscovado-Zucker

Muscovado-Zucker kommt von der Insel Mauritius. Er wird aus Rohrzucker gewonnen, entfaltet ein nussartiges Karamell- sowie ein leicht bitteres Melassearoma und hat eine natürliche Feuchtigkeit.

Weizenmehl Type 550

»Mehl ist nicht gleich Mehl« – und das kann man schon anhand der vielen verschiedenen Typenbezeichnungen feststellen. Diese geben Aufschluss über die Qualität des Mehls. Je niedriger der Ausmahlungsgrad, desto dunkler und gesünder, weil ballaststoffreicher, vitamin-, eiweiß- und mineralstoffhaltiger ist das Mehl. Je höher, desto heller und stärkereicher ist das Mehl.
Die Vollkornmehle und -schrote haben keine Typennummer, da sie sämtliche Bestandteile der gereinigten Körner enthalten müssen, also auch den wertvollen Keim.
Während die Typenmehle eine Mindesthaltbarkeit von einem Jahr und mehr haben, sollten Vollkornmehle nicht länger als 4 bis 6 Wochen aufbewahrt werden.

Häufige Mehle:
• Weizenmehl der Type 405 (Konditormehl)
• Weizenmehl der Type 550 (Brötchen- und Weißbrotmehl)
• Weizenmehl der Type 1050
• Weizenbackschrot der Type 1700
• Roggenmehle der Typen 997 und 1150 (Brotmehle)
• Roggenbackschrot der Type 1800
• Roggenvollkornmehl
• Weizenvollkornmehl

Bulgur

Bulgur ist »vorgegarter« Weizen (parboiled Weizen). Nach der anschließenden Trocknung wird die freigelegte Kleie mechanisch entfernt. Danach wird das Korn grob oder fein mit einem »Grützeschneider« geschnitten.
Bulgur, der hauptsächlich aus Hartweizen hergestellt wird, ist ein Hauptnahrungsmittel im Vorderen Orient, ähnlich wie Couscous in Nordafrika. Bulgur wird wie Speisereis oder (nach mehrstündigem Einweichen ohne Kochen) als Salat (Taboulé) zubereitet und verzehrt.

Tapioka

Tapioka ist eine nahezu geschmacksneutrale Stärke, die aus der bearbeiteten und getrockneten Maniokwurzel hergestellt wird.
Es kann ähnlich wie Sago als Zutat (Bindemittel) zum Kochen verwendet werden. Es kommt in Form von feinen, weißen Stärke-Kügelchen (Perltapioka) oder als dünne, getrocknete Flocken in den Handel. Tapioka ist ein weiterer und interessanter Kohlenhydratelieferant.

Zimtblüten

Neben der Rinde des Zimtbaumes wird auch die Zimtblüte verwendet. So werden die getrockneten Knospen bezeichnet, die ein feineres Aroma als die Zimtstangen haben. Denn den Blüten fehlt die den Zimtstangen eigene Holznote. Sie sind im gut sortierten Fachhandel erhältlich.

Tahiti-Vanille

Im Vergleich zur Gewürzvanille besitzt die Tahiti-Vanille längere und dickere Samenkapseln, die »Vanilleschoten«, die nach der Ernte durch Fermentierung eine rotbraune, leicht ledrige Haut erhalten. Die Schoten der Tahiti-Vanille zeichnen sich besonders durch ihr blumiges Aroma aus. Aufgrund ebendieser aromatischen Eigenschaften werden die Schoten der Tahiti-Vanille vorrangig in der Parfümherstellung, aber auch für kulinarische Kreationen verwendet, in denen besonders die blumigen Aromen erwünscht sind.

Tandoori

Diese indische Gewürzmischung besteht aus Ingwer, Knoblauch, Tamarinde, Kreuzkümmel, Kurkuma, Koriandersamen und Cayennepfeffer. Manchen Mischungen wird noch zusätzlich Chilipulver, Paprika, Zimt oder Nelke beigefügt. Tandoori ist würzig, fruchtig und eine meiner Lieblings-Gewürzmischungen. Einfach Weltklasse!

»Wenn ich mit der Elf auf Tour bin, habe ich immer meine zwei kleinen Köfferchen dabei. Sie enthalten die wichtigsten Grundprodukte – darunter natürlich verschiedene Salze und Gewürze. Dieser Basisbaukasten ist sehr wichtig, da ich damit völlig unabhängig von den Gegebenheiten vor Ort meinen Gerichten den perfekten Dreh geben kann. Wenn es nach mir ginge, würde ich wahrscheinlich eines Tages mit einem ganzen Schrankkoffer auf die Reise gehen!«

Fette und Öle

Beim Braten soll das heiße Fett ein rasches Schließen der Poren und eine Bräunung der Oberfläche bewirken. Hier bieten sich besonders hitzestabile, raffinierte Pflanzenöle an, deren Rauchpunkt über 160 °C liegt, z.B. Raps-, Oliven-, Soja-, Sonnenblumen-, Erdnuss- oder Maiskeimöl.
Da zum Frittieren höhere Temperaturen benötigt werden (optimal sind 160 – 170 °C), kommen in der Fritteuse spezielle Frittierfette zum Einsatz. Ideal sind hitzestabile, geschmacksneutrale Öle, z. B. Erdnussöl oder raffiniertes Rapsöl.

Rapsöl

Je nach Verarbeitung der Rapssaat entstehen unterschiedliche Rapsöl-Varianten mit jeweils charakteristischen Eigenschaften. Aus der größten Menge der Rapssaat wird das Feine Rapsöl hergestellt. Es lässt sich bis auf 180 °C erhitzen und ist geschmacks- und geruchsneutral. Der mindestens ein Jahr haltbare »Alleskönner« – vom Salat bis hin zum Kurzfrittieren ist er überall einsetzbar – bringt den Eigengeschmack aller Lebensmittel voll zur Geltung.
Eine wertvolle Spezialität und eine echte Delikatesse für den anspruchsvollen Gaumen sind kaltgepresste Rapsölspezialitäten. Diese behutsam hergestellten Öle überzeugen durch einen eindrucksvollen nussigen Geschmack und die regionale Vielfalt der Anbieter. Kaltgepresste Rapsölspezialitäten sind ideal für Salate, Dips und Marinaden. Die vielfältigen Fettbegleitstoffe sind verantwortlich für die besonders delikate nussige Note und die intensiv goldgelbe Farbe.
Viele Ernährungswissenschaftler propagieren eine relativ fettarme Ernährung. Aber zu wenig Fett ist andererseits auch nicht gut. Denn Fette spielen in zahlreichen Stoffwechselprozessen eine entscheidende Rolle. Ohne die Zufuhr einer Mindestmenge an Fett kann es zu Mangelerscheinungen fettlöslicher Vitamine kommen, was sich besonders bei Sportlern, die einen höheren Energiebedarf und eine erhöhte Stoffwechselleistung als andere Menschen haben, ungünstig auf die Leistungsfähigkeit auswirkt.
Außerdem müssen Sportler gerade bei ihrer relativ niedrigen Fettzufuhr auf eine möglichst gute Fettqualität achten. Denn: Fett ist nicht gleich Fett!
Für die Zusammenstellung einer gesunden Ernährung ist der Anteil der unterschiedlichen Fettsäuren in den verwendeten Lebensmitteln wichtig. Hierbei sollten die einfach ungesättigten Fettsäuren den Hauptteil in der Nahrung ausmachen (bis zu 13 Prozent der Kalorien). Zusätzlich müssen aber auch noch zwei unterschiedliche Arten von essenziellen, das heißt lebenswichtigen mehrfach ungesättigten Fettsäuren (bis zu 7

Prozent der Kalorien) zugeführt werden: die sogenannten Omega-6- sowie die Omega-3-Fettsäuren.

Rapsöl ist daher sehr zu empfehlen und besonders für Sportler geeignet. Denn es vereint wie kein anderes Speiseöl alle ernährungsphysiologischen Vorteile in sich. Von allen im Handel erhältlichen Speiseölen hat es das ausgewogenste Fettsäurenmuster. Bereits ein Esslöffel Rapsöl (15 g) deckt mit 1,4 g alpha-Linolensäure den »Mindestbedarf« an Omega-3-Fettsäuren ab und führt zu der erwünschten Verbesserung des Omega-6/Omega-3-Verhältnisses in der Ernährung. Mit nur 6 Prozent besitzt Rapsöl den niedrigsten Gehalt an gesättigten Fettsäuren. Neben diesem wertvollen Fettsäurenmuster enthält Rapsöl reichlich Vitamin E (23 mg/100 g). Es wird auch als »Schutzvitamin« bezeichnet, da es Körperzellen vor einem Angriff und einer Schädigung durch so genannte »freie Radikale« schützt.

»Rapsöl ist der ideale Partner für eine gesunde Sportlerernährung mit bewusster Fettaufnahme«.

Erdnussöl

Erdnussöl enthält große Anteile an ungesättigten (oder auch essenziellen) Fettsäuren. Weiterhin enthält es Vitamin E und eignet sich sehr gut für die cholesterinarme Kost. Es ist hoch erhitzbar (der Rauchpunkt liegt bei 230 °C). Die gelbe Färbung von Erdnussöl erzeugt auch ein schöneres Bratergebnis. Und es wird nicht so schnell ranzig wie andere Fette.

Kaltgepresstes Erdnussöl ist erkennbar am nussigen, milden Geschmack und Geruch sowie an der intensiveren gelben Färbung.

Die Aufbewahrung über mehrere Monate ohne Kühlung ist problemlos möglich, mit Kühlung sogar bis zu einem Jahr.

Austernsauce

Austernsauce ist eine dickflüssige dunkelbraune Würzsauce der asiatischen Küche. Sie besteht meist aus einer Mischung von Salzwasser, Austernextrakt, Maismehl, Zuckercouleur und Sojasauce, die vorher mit Salz, Knoblauch und Zwiebeln eingekocht wurde. Austernsauce zeichnet sich durch ein strenges, salziges, leicht fischiges Aroma aus.

Niedertemperatur-Garen

Unter diesem Begriff versteht man eine Garmethode für Fleisch, bei der das Fleisch bei besonders niedriger Temperatur (65 °C – 85 °C) langsam gegart wird.

Für das Niedertemperatur-Garen eignen sich besonders große und zarte Fleischstücke vom Rind, Schwein, Kalb und Lamm. Auch große ganze Fische wie z.B. Lachs eignen sich für das Garen bei Niedertemperatur. Geflügel eignet sich nur bedingt.

Der Vorteil beim Niedertemperatur-Garen ist, dass es zu sehr geringen Bratverlusten kommt (ca. 5 Prozent im Vergleich zu ca. 30 Prozent bei konventioneller Methode) und außerdem das Fleisch wesentlich weniger Saft verliert. Durch die schonende Garweise bleibt das Fleisch auch zarter. Beim Niedertemperatur-Garen bleibt der Braten aber nicht nur saftiger und zarter, man gewinnt auch mehr Portionen aus einem Fleischstück als bei der konventionellen Garmethode. Fleischstücke lassen sich auch nach dem Garen bei 55°C – 60°C über mehrere Stunden problemlos warm halten, ohne dass ein Qualitätsverlust auftritt. Das Fleisch bleibt, abgedeckt oder in Aluminiumfolie eingeschlagen, im Ofen stets optimal auf den Punkt genau gebraten und jederzeit servierbereit.

Wichtig beim Niedertemperatur-Garen ist ein zuverlässiges Fleischthermometer, damit man die Kerntemperatur des Fleisches ablesen kann. Bei Fleischstücken, die rosa gebraten werden sollen wie z.B. Roastbeef oder Filet, ist es ein unverzichtbares Hilfsmittel. Es sei denn, Sie besitzen einen modernen Backofen, der mit Temperaturfühlern ausgestattet ist; diese regeln die Ofentemperatur je nach Kerntemperatur.

Tipp am Rande: Mit dem Fleischthermometer kann man übrigens auch die tatsächliche Temperatur im Ofen feststellen. Diese stimmt nämlich oft mit der eingestellten Temperatur nicht überein.

Darüber hinaus ist bei dieser Garmethode wichtig, dass das Fleisch bereits beim Anbraten Zimmertemperatur hat. Es sollte also ca. 1 Stunde vor dem Anbraten aus dem Kühlschrank genommen werden. Wird es erst kurz vor dem Anbraten aus dem Kühlschrank geholt, hat das Fleisch auch nach dem Anbraten im Kern noch Kühlschranktemperatur. Die Garzeit beim Niedertemperatur-Garen verlängert sich also nochmals entsprechend.

Woran erkennen Sie, ob das Fleisch den gewünschten Garpunkt erreicht hat?

Für die »Fingerdruckprobe« nehmen Sie das Stück Fleisch aus der Pfanne oder dem Ofen und drücken kurz mit dem Daumen darauf. Strecken Sie jetzt die Finger Ihrer Hand aus. Drücken Sie nun auf den Handballen unterhalb des Daumenansatzes. Fühlt sich das Fleisch an, wie eben dieser Ballen, ist es noch blutig. Fühlt es sich dagegen an, wie die kleinen Handballen unterhalb der Finger in der Handinnenfläche, ist es »medium« (rosafarben).

Durchgebraten ist das Fleischstück, wenn es sich anfühlt wie die Mitte der Handinnenfläche.

Meine Empfehlung:

Wer sich auf diese »heiße« Variante, zu der man viel Routine benötigt, nicht verlassen möchte, der kann mit einem einfachen Fleischthermometer viel exakter und stressfreier nachmessen. Dazu das Thermometer in das Fleischstück stecken: Die Kerntemperatur verrät, wie gar das Fleisch im Innern ist.

Rare	51 °C – 54 °C
Medium-rare	54 °C – 58 °C
Medium	58 °C – 62 °C
Medium-well	62 °C – 73 °C
Well done (Durchgebraten)	76 °C – 85 °C

Gartemperaturen

Bitte beachten Sie, dass sich die Kerntemperatur des Fleisches, nachdem es aus der Hitze genommen wurde, während des Ruhevorgangs oder des Servierens noch erhöhen kann.

Bei großen Stücken, wie z. B. Roastbeef, und je nach Höhe der Gartemperatur kann dies bis zu 5 °C betragen.

Küchenhelfer

Auf die Klasse kommt es an

Bevor Sie Ihre Küche mit allerlei angeblich »unverzichtbaren« Gerätschaften ausstatten, halten Sie einen Moment inne. Denn das Wichtigste beim Kochen sind der Spaß und die hochwertigen Zutaten. Zu Großmutters Zeiten kamen auch schon erstklassige Gerichte auf den Tisch, ohne dass man 77 verschiedene Schäler, Messerchen und Töpfe für dies und das zur Verfügung hatte.

Aber es gibt eine Art Grundausstattung, die Sinn macht und Ihnen die Zubereitung erleichtert. Wichtig ist auch hier die Qualität und nicht die Quantität. Zu viel Schnickschnack, der in der Küche herumsteht, reduziert nicht nur den Platz fürs Kochen, sondern sorgt auch schon mal für Verwirrung. Welches Messerchen muss ich nun für … Davon einmal abgesehen, sollte man die Kosten für die »unverzichtbare« Küchenausstattung, die sich ja ganz dem jeweiligen Zeitgeist anpasst, lieber in gute Lebensmittel oder eben einige wenige, aber qualitativ hochwertige Küchenhelfer stecken. Ich rate auch von Setkäufen (Topfsets, Messersets etc.) ab. Man sollte wirklich nur die Töpfe oder Pfannen kaufen, die man auch tatsächlich benötigt. Beim Kauf sollten Sie sich auch davon leiten lassen, wie das »Werkzeug« zu handhaben ist. Und zwar im wahrsten Sinne des Wortes. Probieren Sie aus, wie etwa ein Messer in der Hand liegt, ob es auch nicht zu schwer, zu leicht, zu groß oder zu klein ist.

Aber nun zur Grundausstattung, die ich Ihnen ans Herz lege – zu sehen im Bild. Für unabdingbar halte ich ein großes Holzschneidebrett. Vielleicht ein zusätzliches aus Kunststoff, das sich gut zum Verarbeiten von Fisch eignet, da man es gut reinigen kann. Auf einem großen Brett können Sie mehrere Produkte in einem Arbeitsgang schneiden und vermeiden so, dass die Arbeitsfläche durch einen Haufen kleiner Schälchen mit Kleingeschnittenem immer kleiner wird. Von dem Brett können Sie sozusagen direkt in den Topf oder in die Pfanne arbeiten.

Neben dem Holzbrett sehen Sie – von links nach rechts und von oben nach unten – folgende wirklich unverzichtbare Küchenhelfer:

Unverzichtbare Küchenhelfer

Feines Sieb	Moderne Zestenreibe
Holzwender für die Pfanne; ein Metallwender zerkratzt die Beschichtung	Wendepalette
	Universalschäler
Gitternetzlöffel	Großer Löffel
Beschichtete Pfanne	Großes Gemüsemesser
Mittelgroßer, flacher Topf	Mittleres Allzweckmesser
Schneebesen	Kleines Küchenmesser
Stabmixer	Küchenwaage
Pfeffermühle	Mittelgroßer Stiltopf
Fischgrätenpinzette	Wetzstahl

FRÜHSTÜCK

Strombergs getoastetes Müsli

Damit fängt der Tag gut an

Zutaten

80 g Kokosnussflocken,
  frisch gehobelt
125 g Butter
200 g Akazienhonig
etwas Zimtblüte, gemahlen
  (wahlweise auch Zimt)
500 g weiche Haferflocken

80 g Sonnenblumenkerne
120 g Mandeln, geschält
60 g Kürbiskerne
60 g Cashewkerne
80 g Roggenflocken
200 g getrocknete Früchte (Feigen,
  Aprikosen, gelbe Rosinen, Äpfel)

Zubereitung

Die frisch von der Kokosnuss gehobelten Flocken auf ein Blech mit Backpapier legen und im Ofen bei 140 °C ca. 25 Minuten langsam knusprig trocknen. Die Mühe lohnt sich! Frisch bereitete Kokosflocken schmecken ungleich besser als gekaufte Kokosraspeln.
Dann den Ofen auf 170 °C vorheizen.
Die Butter und den Honig langsam bei mittlerer Hitze so lange kochen, bis sich die Masse verbindet. Dabei ab und zu umrühren. Mit Ausnahme der getrockneten Früchte alle Zutaten gut vermischen und langsam die Butter-Honig-Masse darübergießen. Das Ganze gut umrühren und darauf achten, dass alle Zutaten gleichmäßig überzogen sind. Die Müslimischung auf ein mit Backpapier ausgelegtes Backblech geben und im Ofen etwa 25 Minuten rösten. Die Mischung dabei ab und zu wenden, damit alles gleichmäßig bräunt. Das Müsli danach auskühlen lassen.
Zum Abschluss die getrockneten Früchte in kleine Würfel schneiden und unter das ausgekühlte Müsli geben.

Tipp

Die Müslimischung hält sich in einem luftdicht verschlossenen Gefäß etwa einen Monat. Man kann sie auf eingelegte Früchte streuen, mit Milch oder Joghurt servieren oder mit frischen Früchten oder Beeren genießen.

»*Das Müsli schmeckt nicht!* Dieser Satz hat mich wie ein Fluch am morgen verfolgt. Ich habe lange getüftelt, bis ich die perfekte Mischung hatte. Früchte, Getreideflocken, Kokos … alles mögliche habe ich ausprobiert. Irgendwann fiel dann der erlösende Satz: *Holger, Weltklasse, das Müsli – und man muss auch nicht mehr so ewig darauf rumkauen.* Das Geheimnis? Ich hatte einfach andere, feinere Haferflocken verwendet. Die Jungs sind eben doch Feinschmecker…«

Kokosnussbrot

Fast ein Kuchen

Zutaten

Für den Teig
300 ml Milch
2 Eier aus Freilandhaltung
1 Vanilleschote, Mark (idealerweise
   für dieses Rezept aus Tahiti)
300 g Mehl Type 550
2 TL Backpulver

1 TL Zimtpulver
150 g Kokosnussflocken
225 g Vollrohrzucker
75 g Butter, geschmolzen

Außerdem
Butter für die Form
Mehl für die Form

Zubereitung

Den Ofen auf 180 °C vorheizen. Die Milch mit den Eiern und dem aus der Vanilleschote ausgekratzten Vanillemark verrühren. Das Mehl, das Backpulver und den Zimt in eine Schüssel sieben, die Kokosflocken und den Vollrohrzucker dazugeben. Die Milchmischung und die flüssige Butter langsam dazugießen und so lange rühren, bis ein glatter Teig entsteht.

Eine Kastenform mit Butter ausstreichen und mit Mehl bestäuben. Dann den Teig einfüllen und das Brot ca. 1 Stunde auf mittlerer Schiene backen. Mit einem Holzspieß testen, ob der Teig durchgebacken ist. Das fertige Brot in der Kastenform 10 Minuten auskühlen lassen, aus der Form nehmen und nochmals 5 Minuten auf einem Gitter ruhen lassen.

Tipp

Das Kokosnussbrot kann man mit Butter bestrichen oder mit Puderzucker bestäubt servieren. Getoastet schmeckt es ebenfalls sehr gut und wenn man das köstliche Kokusnussbrot in einer Brotdose aufbewahrt, bleibt es 4 bis 5 Tagen frisch.

Nutella-Brioche

Der Klassiker

Zutaten

Für den Teig
500 g Mehl, Type 550
Meersalz
50 g Vollrohrzucker
7 Eier aus Freilandhaltung
75 ml Milch
1 Würfel frische Hefe
250 g Butter
2 EL süße Sahne

Außerdem
Butter für die Form und zum Bestreichen
Mehl für die Form
Nutella zum Bestreichen

Zubereitung

Das Mehl zusammen mit 10 g Meersalz, dem Vollrohrzucker und 6 Eiern in den Schlag-
kessel einer Rührmaschine geben. Die Milch erwärmen (ca. 38 °C), die Hefe darin auflösen und zur Mehlmischung geben. Den Teig mit einem Knethaken so lange rühren,
bis er zu glänzen beginnt. Dann die Butter in kleinen Flöckchen nach und nach dazugeben. Dabei immer so lange warten, bis die einzelnen Butterflöckchen vollständig in
den Teig eingearbeitet sind. Erst dann neue dazugeben. Den Teig an einem warmen
Ort zugedeckt stehen lassen, bis er auf das doppelte Volumen aufgegangen ist.
Danach den Ofen auf 170 °C vorheizen. Den gut durchgekneteten Teig in eine mit Butter ausgestrichene und mit Mehl bestäubte Kastenform geben. Die Form sollte nur bis
zur Hälfte gefüllt sein, da die Brioche beim Backen stark aufgeht.
Das letzte Ei mit der Sahne und 1 Prise Meersalz verquirlen und die Brioche damit
bepinseln. Die Brioche anschließend auf der mittleren Schiene des Ofens ca. 45 Minuten goldbraun backen und danach in der Form auskühlen lassen.

Anrichten

Die fertige Brioche in dicke Scheiben schneiden, nach Belieben auch toasten und mit
Butter und Nutella bestreichen.

Tipp

Eine Brioche schmeckt auch hervorragend zu Pasteten, Terrinen, Leberwurst oder
auch einfach als Frühstückstoast. Verschlossen aufbewahrt, ist sie einige Tage haltbar.

Ricotta-Pfannkuchen

mit karamellisierten Bananen

Für die Ricotta-Pfannkuchen
50 g Butter
280 g Ricotta
140 ml Milch
50 g Vollrohrzucker
1 Prise Meersalz
4 Eigelbe
120 g Mehl, Type 550
1 TL Backpulver
1 unbehandelte Orange, Abrieb
4 Eiweiße

Für die karamellisierten Bananen
2 Bananen
50 g Zucker
25 g Butter

Außerdem
Butter zum Backen
Puderzucker
einige Blaubeeren, nach Belieben

Zubereitung

Für die Pfannkuchen zuerst die Butter schmelzen und dann mit dem Ricotta, der Milch, dem Vollrohrzucker, der Prise Salz und den Eigelben miteinander verrühren. Das Mehl und das Backpulver in eine Schüssel sieben und mit der Ricotta-Milch-Mischung verrühren. Den Orangenabrieb dazugeben. Die Eiweiße mit einer Rührmaschine steif schlagen und vorsichtig nach und nach unter die Ricotta-Masse heben.

Die Bananen schälen und längs halbieren. Den Zucker zusammen mit etwas Butter in einer Pfanne zu Karamell schmelzen und die Bananen darin schwenken. Dabei nicht zu lange in der Pfanne lassen, damit sie nicht matschig werden.

In einer beschichteten Pfanne etwas Butter schmelzen und bei niedriger Hitze aus 1 EL Teig kleine Pfannkuchen auf jeder Seite je 2 Minuten goldbraun backen.

Anrichten

Die Pfannkuchen auf Teller verteilen, jeweils eine Bananenhälfte darauf legen, mit dem restlichen Karamell übergießen und nach Belieben mit Blaubeeren und Puderzucker garnieren.

Birchermüsli

Einfach Weltklasse!

Zutaten

300 g Roggenflocken (oder körnige
   Haferflocken)
50 g Amaranth, gepoppt
50 g Rosinen
50 g Haselnüsse, gehackt
100 g Apfel, Cox Orange, gerieben
100 g Birne, Abate Fetel, gerieben
60 g Banane, gerieben
50 g Akazienhonig

30 g Ahornsirup
1 TL Zimt, gemahlen
1 Msp. Muskatnuss, frisch gerieben
600 ml Biomilch, fettarm
330 g Bio-Naturjoghurt

Außerdem
Himbeeren oder Blaubeeren zum
   Garnieren

Zubereitung

Alle Zutaten bis auf den Joghurt zusammen mit 400 ml Milch in einer Schüssel verrühren und eine Nacht im Kühlschrank ziehen lassen. Das Müsli dann mit der restlichen
Milch und dem Joghurt in die gewünschte Konsistenz rühren.
Die Spieler der Nationalelf lieben dieses Weltklassemüsli vor allem dann, wenn man es
mit frischen Himbeeren garniert (außerhalb der Saison kann man natürlich auf Tiefkühl-
himbeeren zurückgreifen, die man langsam und behutsam auftauen lässt).

Tipp

Nüsse haben zwar einen relativ hohen Fettanteil, allerdings handelt es sich hierbei um
ungesättigte Fettsäuren, die Omega-3-Fettsäuren. Außerdem wird der Anteil von
essenziellen Aminosäuren in Nüssen vom Gehirn in Serotonin umgewandelt, was wiederum zu guter Laune beiträgt. Bereits 50 g Haselnüsse decken den täglichen Bedarf
an Vitamin E, das ja vom Körper nicht selbst gebildet werden kann, sondern über die
Nahrung aufgenommen werden muss.

»Ich hätte nie gedacht, dass ich eines Tages wegen eines Müslis ins Schwitzen kommen
würde. Doch seit meiner Zeit bei der Nationalmannschaft weiß ich es besser. Ich muss-
te ganz schön schwitzen, bis ich geschmacklich den richtigen Dreh heraushatte. Man
muss nicht glauben, dass die Spieler jedes Müsli so einfach akzeptieren.«

BROT

Sauerteig-Butterbrot
mit Fleur de Sel

Zutaten

Für den Sauerteig

500 g Roggenmehl, fein gemahlen
500 ml Wasser, lauwarm (ca. 35 – 38 °C)
2 El Buttermilch

Für das Brot

150 g Sauerteig
600 ml Wasser, lauwarm

1/2 TL Meersalz
850 g Roggenvollkornmehl, am besten
   frisch gemahlen
10 g Hefe

Außerdem

Margarine für die Form
Butter
Fleur de Sel

Zubereitung

Das fein gemahlene Roggenmehl mit dem lauwarmen Wasser und der Buttermilch vermischen. In ein sauberes Schraubglas füllen, gut verschließen und an einem warmen Ort 3 Tage stehen lassen. Jeden Tag einmal gut umrühren.

Der fertige Sauerteig ist aufgeplustert und schmeckt zart säuerlich (schmeckt er scharf säuerlich, essigähnlich und fällt zusammen, ist leider etwas schiefgegangen und er muss weggeworfen werden).

Zum Brotbacken den Sauerteig in eine Schüssel geben und das lauwarme Wasser zugießen. Das Meersalz gut mit dem Mehl vermischen, anschließend die Hefe unterrühren. Das Ganze in die Schüssel mit dem Sauerteig und dem Wasser geben und nach und nach so lange unterrühren, bis eine rührteigähnliche Masse entstanden ist. Die Schüssel nun mit einem Tuch abdecken und ca. 30 – 60 Minuten bei Zimmertemperatur stehen und gehen lassen. Danach den Teig nochmals kräftig durcharbeiten.

Die Brotform mit der Margarine fetten, den Teig einfüllen und ca. 30 – 45 Minuten im kalten Backofen gehen lassen.

Den Backofen auf 220 °C einstellen und das Brot 35 Minuten backen. Danach die Temperatur auf 200 °C reduzieren und das Brot weitere 35 Minuten fertig backen.

Das fertige Brot gut auskühlen lassen und mit Butter und Fleur de Sel aus der Guérande servieren. Schmeckt göttlich!

Tipp

Wer keine Muße oder Zeit zum Brotbacken hat, weil er pünktlich zum Fußball muss, holt sich einfach das Sauerteigbrot von Manufactum aus dem »Brot & Butter«-Laden und kombiniert dies mit echter Fassbutter. Ein unschlagbares Esserlebnis mit nur drei Zutaten!

»Das Prinzip künstliche Verknappung ist eine Methode, jemanden an etwas neues heranzuführen. Bei der Nationalelf gab es zum Beispiel die Causa Sauerteigbrot. Einer der Betreuer durfte wegen einer besonderen Diät keine Hefe essen. Also buk ich Sauerteigbrot, das ich ihm immer persönlich an den Tisch brachte. Hätte ich das Brot einfach nur am Büffet angeboten, würde es heute noch da liegen. Aber so wollten plötzlich alle Sauerteigbrot!«

Focaccia

mit getrockneten Oliven und Rosmarin

Zutaten

360 g Mehl, Type 550
180 g Kartoffelpüreepulver
1 Prise Meersalz
45 g Hefe

500 ml Wasser, lauwarm
6 EL Olivenöl
50 g getrocknete Oliven, schwarz
1 Zweig Rosmarin, gezupft

Zubereitung

Das Mehl mit dem Kartoffelpüreepulver und dem Meersalz vermischen. Die Hefe im lauwarmen Wasser auflösen und unter die Mehlmischung geben. Dann das Olivenöl dazugeben, alles gut verkneten und ca. 40 Minuten ruhen lassen. Den Teig anschließend nochmals gut durchkneten und ca. 3 cm dick ausrollen, auf ein mit Backpapier belegtes Blech legen und nochmals mindestens 10 Minuten gehen lassen.

Den Ofen auf 180 °C vorheizen. Den Teig mit Olivenöl beträufeln und mit den Fingern Löcher einstechen – so bekommt die Focaccia ihre typische Form. Die getrockneten Oliven und die gezupften Rosmarinblättchen darüber verteilen. Danach die Focaccia ca. 10 Minuten auf der untersten Schiene des Backofens goldbraun backen.

Maisbrot

Mal was anderes

Zutaten

70 g Mais aus der Dose
175 g Mehl, Type 550
1 1/2 EL Backpulver
1 TL Meersalz
75 g Polentagrieß
74 g Maismehl, fein gemahlen
2 EL Vollrohrzucker

450 ml Milch
3 Eier aus Freilandhaltung, verquirlt
75 g Butter, geschmolzen

Außerdem
Butter für die Backform

Zubereitung

Den Ofen auf 180 °C vorheizen. Den Mais mit einem Stabmixer grob pürieren, sodass noch Stücke zu erkennen sind. Das Mehl und das Backpulver in eine große Schüssel sieben, mit dem Meersalz, dem Polentagrieß, dem Maismehl und dem Vollrohrzucker vermischen. Eine kleine Mulde in die Mitte der Mehlmischung drücken und die Milch, die Eier, den Mais und die Butter dazugeben. Dann alles so lange verrühren bis ein glatter, schöner, etwas flüssiger Teig entstanden ist.
Eine Backform (ca. 20 x 30 cm) mit etwas Butter ausstreichen und mit Backpapier auslegen. Den Teig einfüllen und etwa 30 Minuten im Ofen goldbraun backen.

Tipp

Das Maisbrot schmeckt kalt und warm! In einer Brotdose kann man es sehr gut bis zu 5 Tage lang aufbewahren.

Kartoffelbrot

mit Walnusskernen

Zutaten

Für 2 kleine Brote
250 g Kartoffeln, festkochend
250 g Mehl, Type 550
Meersalz

1 Ei aus Freilandhaltung
10 g Hefe, frisch
2 EL Wasser, lauwarm
100 g Walnusskerne, grob gehackt
(oder Walnussbruch)

Zubereitung

Die Kartoffeln schälen, in Salzwasser kochen, gut ausdampfen lassen und mit einer Kartoffelpresse zerdrücken.

Das Mehl und 5 g Meersalz unter die Kartoffeln rühren. Das Ei verquirlen und die Hefe in lauwarmem Wasser auflösen. Beides zusammen unter die Mehl-Kartoffel-Masse geben. Zum Schluss die gehackten Walnüsse unterheben und alles gut verkneten. Den Teig etwa 1 Stunde gehen lassen und vor dem Weiterverarbeiten nochmals gut durchkneten.

Den Ofen auf 180 °C vorheizen. Den Teig halbieren und zwei kleine Brote daraus formen. Die Brote auf das Backblech setzen, sie mit einem Messer oben schräg einschneiden und ca. 25 Minuten bei 180 °C backen.

SNACKS & STARTER

Bruschetta
mit Auberginenmousse

Zutaten

2 Auberginen, mittelgroß
2 EL Mandelgrieß
9 EL Olivenöl
2 EL Parmesan, gerieben
schwarzer Pfeffer aus der Mühle
Meersalz

1 Spritzer Zitronensaft
8 Scheiben Baguette
4 EL Olivenöl
1 Knoblauchzehe, angedrückt
einige Basilikumblätter, in Streifen
  geschnitten

Zubereitung

Die Auberginen waschen und 30 Minuten im 200 °C heißen Backofen garen. Sie herausnehmen, etwas abkühlen lassen und mit einem Löffel das Innere herausschälen. Das Auberginenfleisch zusammen mit dem Mandelgrieß, dem Olivenöl und dem Parmesan in einer Küchenmaschine fein pürieren. Mit gemahlenem Pfeffer, Meersalz und dem Zitronensaft abschmecken.
Das Baguette in 8 etwa 1 cm dicke Scheiben schneiden, diese in einer Pfanne in Olivenöl zusammen mit der Knoblauchzehe von beiden Seiten goldbraun rösten. Die Scheiben auf ein Küchenkrepp legen, um überschüssiges Öl aufzufangen.

Anrichten

Die Bruschetta mit der Auberginenmousse bestreichen und mit frischem Basilikum servieren.

»Die Bruschette werden von den Spielern gerne schon mal im Stehen gegessen, während sie noch am Büffet stehen, um ihre Auswahl zu treffen. Naschen erlaubt! Das fördert den Spaß am Essen.«

Bruschetta

mit Avocadowürfeln

Zutaten

1 Schalotte
1 Avocado
5 El Olivenöl
1 Spritzer Limonensaft
Meersalz
schwarzer Pfeffer aus der Mühle

Koriandersamen aus der Mühle
1 Baguette
4 EL Olivenöl
1 Knoblauchzehe, angedrückt
4 Kirschtomaten

Zubereitung

Die Schalotte schälen und in sehr feine Würfel schneiden. Die Avocado schälen und in 1 cm große Würfel schneiden. Ein Viertel der Würfel bzw. die Abschnitte (oder unschöne Würfel) in einer Schüssel mit einer Gabel zerdrücken und zusammen mit den Schalottenwürfeln und 1 EL Olivenöl vermischen. Die großen Avocadowürfel unterheben und das Ganze mit Limonensaft, Meersalz, Pfeffer und Koriander würzen.

Das Baguette in 8 etwa 1 cm dicke Scheiben schneiden und diese in einer Pfanne in Olivenöl zusammen mit der Knoblauchzehe von beiden Seiten goldbraun rösten. Die Scheiben auf ein Küchenkrepp legen, um überschüssiges Öl aufzufangen.

Anrichten

Die Avocadowürfel auf die Bruschette geben und mit einigen Kirschtomaten-Scheiben dekorieren.

Bruschetta

mit Zwiebelmarmelade und Ziegenkäse

Zutaten

300 g Schalotten
150 g Vollrohrzucker
45 ml Wasser
Meersalz
schwarzer Pfeffer aus der Mühle
etwas Butter
60 g Ziegenkäse

1 EL Kräuter (z.B. Schnittlauch, fein
 geschnitten) oder gestoßener Pfeffer
 nach Belieben
1 Baguette
4 EL Olivenöl
1 Knoblauchzehe, angedrückt
etwas alter Aceto Balsamico

Zubereitung

Die Schalotten halbieren und in Streifen schneiden. Den Vollrohrzucker zusammen mit dem Wasser in einem Topf zu Karamell schmelzen. Nicht rühren, da der Vollrohrzucker sonst verklumpt!

Die Schalotten dazugeben und alles mit Meersalz und Pfeffer würzen. Einen Deckel auflegen und das Ganze 10 Minuten dünsten.

Den überschüssigen Saft bei starker Hitze vollständig einkochen und mit etwas Butter abbinden. Den Ziegenkäse in schöne Scheiben schneiden und nach Belieben in Kräutern wälzen oder mit gestoßenem Pfeffer würzen.

Das Baguette in 8 etwa 1 cm dicke Scheiben schneiden, in einer Pfanne in Olivenöl zusammen mit der Knoblauchzehe von beiden Seiten goldbraun rösten. Die Scheiben auf ein Küchenkrepp legen, um überschüssiges Öl aufzufangen.

Anrichten

Die Zwiebelmarmelade auf die Bruschette verteilen, den Ziegenkäse darauf legen und mit etwas altem Aceto Balsamico beträufeln.

Bruschetta
mit geschmorter Paprika und Pinienkernen

Zutaten

1 rote Paprikaschote

1 gelbe Paprikaschote

1 Baguette

7 EL Olivenöl

1 Knoblauchzehe, angedrückt

1 Bund Rucola, fein gehackt

2 EL Pinienkerne, geröstet

4 EL Olivenöl

Meersalz

schwarzer Pfeffer aus der Mühle

nach Belieben einige Parmesan-Späne

Zubereitung

Die Paprikaschoten halbieren, das Kerngehäuse entfernen und die Schoten bei 160 °C für 40 Minuten auf einem Backblech im Ofen garen. Die Schoten danach mit Klarsichtfolie abgedeckt abkühlen lassen und anschließend die Haut abziehen. Die gehäuteten Paprikaschoten in sehr feine Würfel schneiden.

Das Baguette in 8 etwa 1 cm dicke Scheiben schneiden, diese in einer Pfanne in Olivenöl zusammen mit der Knoblauchzehe von beiden Seiten goldbraun rösten. Die Scheiben auf ein Küchenkrepp legen, um überschüssiges Öl aufzufangen.

Anrichten

Die Paprikawürfel mit dem Ruccola, den Pinienkernen und dem Olivenöl vermengen. Das Ganze mit Meersalz und Pfeffer abschmecken, auf die Bruschette anrichten und anschließend nach Belieben mit gehobeltem Parmesan belegen.

Bruschetta

mit Toskanischer Hühnerleber

Zutaten

3 Hühnerlebern
3 Schalotten
etwas Erdnussöl
Meersalz
schwarzer Pfeffer aus der Mühle
2 EL Aceto Balsamico

1 Eigelb
2 EL Parmesan, frisch gerieben
2 Stängel Thymian, gezupft
1 Baguette
4 EL Olivenöl
1 Knoblauchzehe, angedrückt

Zubereitung

Die Hühnerlebern putzen, also von Haut und Sehnen befreien und sehr fein hacken.
Die Schalotten schälen und ebenfalls sehr fein hacken. In einer Pfanne etwas Erdnussöl erhitzen, die Schalotten und die Leber darin anschwitzen. Mit Meersalz und Pfeffer
würzen und mit dem Aceto Balsamico ablöschen. Kurz einkochen lassen, bis die Flüssigkeit verdampft ist. Dann in eine Schüssel umfüllen und noch im warmen Zustand
das Eigelb, den Parmesan und den gezupften Thymian unterrühren, dabei etwas Thymian zum Anrichten beiseite legen. Das Ganze nochmals abschmecken.
Das Baguette in 8 etwa 1 cm dicke Scheiben schneiden und in einer Pfanne in Olivenö-
öl zusammen mit der Knoblauchzehe von beiden Seiten goldbraun rösten. Die Scheiben auf ein Küchenkrepp legen, um überschüssiges Öl aufzufangen.

Anrichten

Die Hühnerleber auf die Bruschette streichen und mit ein paar Thymianblättern
bestreuen.

Büffel-Mozzarella

mit Crème fraîche, Orangenfilets und Zitronenzeste

Zutaten

1 unbehandelte Zitrone
1 unbehandelte Orange
1 rote Peperoni
500 g Büffel-Mozzarella
125 g Crème fraîche
50 ml Milch

Meersalz
schwarzer Pfeffer aus der Mühle
1 Bund Mini-Basilikum (oder auch
  normales Basilikum)
20 ml Olivenöl extra vergine

Zubereitung

Die Zitrone und die Orange heiß abwaschen und mit einem Sparschäler dünn schälen. Diese Streifen in sehr feine Fäden schneiden. Die Orange filetieren. Die Peperoni waschen, entkernen und ebenfalls in sehr feine Streifen schneiden.
Den Mozzarella in Scheiben schneiden und auf einer Platte anrichten. Die Crème fraîche mit der Milch und dem Saft der Zitrone verrühren und mit Salz und Pfeffer würzen.

Anrichten

Die Crème fraîche über die Mozzarella-Scheiben verteilen, die Zitronen-, Orangen- und Peperoni-Streifen darüberstreuen und die Orangenfilets dazulegen. Einige Basilikumblätter und noch etwas frisch gemahlenen Pfeffer darüberstreuen. Das Ganze mit etwas Olivenöl beträufeln und als Vorspeise servieren.

Tipp

Sollten Sie keinen Mozzarella aus Büffelmilch bekommen, können Sie natürlich auch Mozzarella aus Kuhmilch verwenden. Nehmen Sie jedoch auf keinen Fall Mozzarella in Stangenform, da dieser speziell für die Verwendung in der warmen Küche gedacht ist.

»Mozzarella aus Büffelmilch ist eine absolute Delikatesse mit einem besonderen, puren und natürlichen Geschmack, den Sie lieben werden! Wer einmal das Gute geschmeckt hat, wird sich nie wieder mit weniger zufriedengeben wollen. Und das ist genau der richtige Weg.«

Geklopftes Carpaccio
mit Artischockensalat, Brunnenkresse und geriebenem Mimolette

Zutaten

200 g Rinderfilet
2 Baby-Artischocken
60 ml mildes Olivenöl extra vergine
1/4 unbehandelte Limone, Saft und
  Abrieb
Meersalz

schwarzer Pfeffer aus der Mühle
1 Bund Brunnenkresse
50 g Mimolette, gehobelt (gereifter,
  französischer Hartkäse)
15 ml Aceto Balsamico, 8 Jahre gereift

Zubereitung

Das Rinderfilet in vier gleich große Scheiben schneiden. Jeweils 1 Scheibe zwischen
2 Plastikfolien (z.B. Gefrierbeutel) legen und mit sanftem Druck (nicht mit roher
Gewalt!) vorsichtig mit einem flachen Fleischklopfer oder einem kleinen Stieltopf dünn
(ca. 0,3 cm) klopfen.
Die Artischocken putzen. Dafür den Stil der Artischocke ca. 2 cm unter dem Boden
abschneiden. Die äußeren Blätter bis auf die feinen Haare entfernen und mit einem
kleinen Messer oder einem Sparschäler den Boden des Artischockenherzens von den
grünen Schalen befreien. Dann die Artischocke auf einem Hobel sehr dünn hobeln und
sofort mit Olivenöl, Limonensaft, Meersalz und Pfeffer marinieren.
Die Brunnenkresse zupfen, waschen und trocken tupfen.

Anrichten

Das geklopfte Rinderfilet auf einen Teller legen, mit Olivenöl marinieren und mit etwas
Limonenabrieb, Meersalz und grobem Pfeffer würzen. Den Artischockensalat darauf
verteilen und mit der Brunnenkresse und dem Mimolette bestreuen. Zum Schluss mit
etwas altem Balsamico und Olivenöl beträufeln.

Tipp

Der Mimolette, ein kugelförmiger französischer Schnitt- oder Hartkäse aus Kuhmilch
mit mindestens 40 Prozent Fett in der Trockenmasse, reift zwischen zwei Monaten und
zwei Jahren und hat einen typischen, je nach Alter mild-nussigen bis kräftig-würzigen
Geschmack. Seine auffällige, intensive orangegelbe bis orangebraune Farbe wird zur
Rinde hin dunkler. Die Färbung entsteht durch Zugabe von Annatto, einem Pflanzen-
farbstoff aus den Samen des Orleanstrauches. Die Rinde ist bei jungem Käse relativ
glatt, mit fortschreitendem Alter wird sie dicker und ähnelt dann einer mit Kratern über-
säten Mondlandschaft. In den Kratern siedeln Milben, denen der Käse seine löchrige
Oberfläche verdankt. Der Milbenkäse soll traditioneller Auffassung gemäß die Verdauung anregen. Milbenallergiker berichteten zudem in jüngster Zeit, dass ihre Allergie
durch regelmäßigen Verzehr des Käses aufgrund der damit verbundenen Desensibili-
sierung verschwunden sei.

Schnittlauch-Zucchini-Quiche

Vegetarisch!

Zutaten

Für den Quicheteig
300 g Mehl, Type 550
150 g Butter
2 EL Wasser
2 EL Traubenkernöl
1 Ei aus Freilandhaltung
etwas Meersalz

Für den Quichebelag
1 Zucchino
1 Stange Staudensellerie
Meersalz
Eiswasser

200 ml süße Sahne
4 Eier aus Freilandhaltung
200 g Hartkäse, frisch gerieben, z. B.
    alter Gouda oder Emmentaler
1 Bund Schnittlauch, fein geschnitten
schwarzer Pfeffer aus der Mühle
etwas Muskatnuss

Außerdem
Butter für die Form
Mehl für die Form

Zubereitung

Für den Quicheteig das Mehl mit der Butter, dem Wasser, dem Traubenkernöl, dem Ei und dem Meersalz zu einem glatten Teig verkneten. Diesen mit Klarsichtfolie abdecken und mindestens 30 Minuten im Kühlschrank ruhen und durchkühlen lassen.
Danach den Ofen auf 180 °C vorheizen. Eine Quicheform mit Butter ausstreichen und mit Mehl ausstäuben. Den Teig dünn ausrollen und in die Form legen. Den überstehenden Rand abschneiden.
Für den Belag den Zucchino und den Sellerie waschen, putzen und längs in sehr dünne Scheiben schneiden. Diese kurz in kochendem Salzwasser blanchieren und in Eiswasser kalt abschrecken. Danach mit Küchenkrepp gut trocken tupfen. Die Sahne mit den Eiern, dem geriebenem Hartkäse und dem Schnittlauch verrühren, mit Meersalz, Pfeffer und Muskatnuss kräftig abschmecken. Die Gemüsescheiben flach auf den Teig legen und mit der Eier-Sahne-Mischung übergießen. Nun die Quiche auf mittlerer Stufe etwa 40 Minuten backen. Sie danach nach Belieben warm oder kalt servieren.

Ricotta-Quiche

mit Tomaten und buntem Salat

Zutaten

Für den Quicheteig
300 g Mehl, Type 550
1 TL Meersalz
2 EL Erdnussöl
1 Ei aus Freilandhaltung
4 EL Wasser
150 g Butter

Für den Quichebelag
400 g Ricotta
2 Eier aus Freilandhaltung
50 g Parmesan, gerieben
125 ml süße Sahne
Meersalz
schwarzer Pfeffer aus der Mühle
1 Bund glatte Petersilie

1 Eigelb, zum Bestreichen
2 Strauchtomaten

Für den Salat
200 g bunt gemischter Salat, z. B. Rucola, Radicchio, Eichblatt, Novita etc.
2 EL Olivenöl extra vergine
1 EL Aceto Balsamico
etwas Honig
Meersalz
schwarzer Pfeffer aus der Mühle

Außerdem
Butter für die Form
Mehl für die Form

Zubereitung

Für den Quicheteig Mehl, Meersalz, Öl, Ei und Wasser miteinander vermischen. Die Butter in kleine Stücke schneiden und dazukneten. Das Ganze möglichst schnell zu einem glatten Teig verarbeiten und diesen 1 Stunde abgedeckt kalt stellen.
Danach den Backofen auf 200 °C Unterhitze vorheizen. Eine Quicheform (ca. 30 cm Durchmesser) mit Butter ausstreichen und mit Mehl bestäuben. Den Quicheteig dünn ausrollen und in die Form legen.
Für den Belag den Ricotta, die Eier, den Parmesan und die Sahne miteinander verrühren, mit Meersalz und Pfeffer würzen. Die Petersilie waschen, trocknen, fein hacken und unter die Ricotta-Masse rühren. Diese in die Mitte der Quiche-Form füllen und mit einem Löffel gleichmäßig verteilen. Den Rand des Quicheteiges mit den Händen auf den Belag drücken, damit eine Art Zierrand entsteht. Das Eigelb verquirlen und den Rand damit bestreichen. Die Tomaten waschen, trocknen, halbieren und den Strunk entfernen. Die Tomatenhälften in kleine Spalten schneiden und auf die RicottaMasse legen. Nun die Quiche im Ofen etwa 30 Minuten goldbraun backen.
Den Salat waschen und trocken schleudern. Das Olivenöl mit dem Essig und dem Honig verrühren und mit etwas Meersalz und Pfeffer würzen. Den Salat mit der Sauce marinieren.

Anrichten

Die Quiche frisch aus dem Ofen oder lauwarm (Zimmertemperatur) servieren, dazu den marinierten Salat reichen.

Mini-Pizzen

mit roh mariniertem Lachs

Zutaten

Für die Pizzen
450 g Mehl, Type 550
Meersalz
etwas Vollrohrzucker
1 EL Olivenöl
2 EL Bio-Naturjoghurt
1/2 Würfel Hefe
150 ml Wasser, lauwarm
125 g Crème fraîche
1 TL Wasabipaste
schwarzer Pfeffer aus der Mühle

Für den marinierten Lachs
120 g Wildlachs
4 EL Olivenöl extra vergine
Koriandersamen, gemahlen
1 unbehandelte Limone, Abrieb
schwarzer Pfeffer aus der Mühle

Außerdem
Meersalz, grob

Zubereitung

Für die Pizzen das Mehl mit dem Meersalz, Vollrohrzucker, Öl und dem Joghurt vermischen. Die Hefe im Wasser auflösen und dazukneten. Das Ganze so lange verarbeiten, bis ein glatter Teig entstanden ist. Den Teig an einem warmen Ort mindestens 30 Minuten zugedeckt gehen lassen.

Danach den Backofen auf 220 °C vorheizen. Den Pizzateig gut durchkneten und kleine Pizzen von ca. 8 cm Durchmesser daraus formen, auf ein mit Backpapier belegtes Backblech legen und 10 Minuten auf unterster Schiene backen. Inzwischen die Crème fraîche mit der Wasabipaste aufschlagen und mit Meersalz und Pfeffer abschmecken. Den Lachs in 0,5 cm dünne Scheiben schneiden. Anschließend mit dem Olivenöl, den Koriandersamen, dem Limonenabrieb und dem Pfeffer kurz marinieren.

Anrichten

Die fertig gebackenen Pizzen sofort mit der Wasabicrème bestreichen und mit den Lachsscheiben belegen. Mit grobem Meersalz würzen und servieren.

Hackfleischpizza

mit Joghurt

Für den Teig – reicht für 2 Bleche
1/2 Würfel Hefe
150 ml Wasser, lauwarm
450 g Mehl, Type 550
1 EL Meersalz
1 Prise Vollrohrzucker
2 EL Bio-Naturjoghurt
1 EL Olivenöl

Für den Belag
1/2 Paprikaschote
1 kleine Zwiebel
250 g Rinderhackfleisch
Meersalz
schwarzer Pfeffer aus der Mühle
1 Stängel Thymian
50 g Schafskäse
Baby-Basilikum zum Dekorieren
2 EL Olivenöl

Zubereitung

Für den Teig die Hefe im lauwarmen Wasser auflösen. Anschließend das Mehl, das Meersalz, den Vollrohrzucker, das Öl und den Joghurt dazugeben und alles zu einem glatten Teig verkneten. Diesen an einem warmen Ort mindestens 30 Minuten zugedeckt gehen lassen.

Für den Belag die Paprika waschen, entkernen und in sehr feine Streifen schneiden. Die Zwiebel schälen und fein würfeln. Das Hackfleisch zusammen mit den Zwiebeln in etwas Öl anbraten, mit Meersalz und Pfeffer würzen. Den Backofen auf 220 °C vorheizen und 2 Backbleche mit Backpapier auslegen.

Den Hefeteig nochmals kräftig durchkneten und in acht Portionen teilen. Kleine längliche Fladen formen und mit dem Hackfleisch und den Paprikastreifen belegen. Den Thymian zupfen und darüber verteilen. Mit Meersalz und Pfeffer noch mal würzen. Die Teigränder etwas hochklappen, damit kleine Schiffchen entstehen, und die Pizzen im Ofen auf unterster Schiene etwa 15 Minuten backen.

Die Pizzen vor dem Servieren mit kleinen Krümeln Schafskäse und Basilikumblättern bestreuen und mit etwas Olivenöl beträufeln.

Maisplätzchen
mit getrockneten Tomaten und Speck

Zutaten

Für die getrockneten Tomaten
4 Eiertomaten
einige Thymianblättchen
Meersalz, grob
Olivenöl

Für die Maisplätzchen
2 rote Paprikaschoten
1/2 Bund Koriander
1 Stange Frühlingslauch
2 Maiskolben
120 g Mehl, Type 550
1 TL Backpulver
1 Prise Meersalz

1 EL Vollrohrzucker
2 Eier aus Freilandhaltung
225 ml Milch
schwarzer Pfeffer aus der Mühle
60 ml Erdnussöl

Für die Garnitur
8 Scheiben Speck
1 Bund Rucola
1 Prise Chiliflakes, getrocknet
Olivenöl extra vergine
Aceto Balsamico, alt

Zubereitung

Für die getrockneten Tomaten die Eiertomaten waschen, längs halbieren und auf ein Blech setzen. Die Tomaten mit ein paar Thymianblättchen, etwas grobem Meersalz und Olivenöl beträufeln und bei 160 °C ca. 45 Minuten im Ofen garen.

Für die Maisplätzchen die Paprikaschoten halbieren, entkernen und bei 160 °C ca. 40 Minuten im Ofen schmoren. Danach herausnehmen, sofort mit Klarsichtfolie abdecken und auskühlen lassen. Die abgekühlten Paprikahälften enthäuten und in lange Streifen schneiden. Den Koriander waschen, zupfen und hacken, den Frühlingslauch waschen und in feine Streifen schneiden. Die Maiskörner vom Kolben entfernen.

Das Mehl, Backpulver, Meersalz und Vollrohrzucker in einer großen Schüssel zusammen mit den Eiern und der Milch glatt rühren. Die Masse mit frisch gemahlenem Pfeffer würzen. Die Frühlingszwiebeln, die Paprikawürfel und die Maiskörner dazugeben und kurz vermischen.

In einer Teflonpfanne das Erdnussöl erhitzen und aus jeweils zwei Esslöffeln Maismasse Plätzchen backen. Diese nach etwa 2 Minuten wenden und nochmals 2 Minuten backen.

Den Speck in der gleichen Pfanne knusprig ausbraten und auf Küchenkrepp legen, um überflüssiges Fett aufzufangen. Den Rucola putzen, waschen und trocken tupfen.

Anrichten

Ein Maisplätzchen auf den Teller legen, zwei halbe Eiertomaten darauf verteilen, mit Rucola und Speck belegen und das zweite Maisplätzchen darauf legen. Das Ganze mit etwas Chiliflakes bestreuen, mit Olivenöl beträufeln und mit einem Spritzer altem Aceto Balsamico garnieren.

Taboulé
mit Hühnchen-Satay und Brunnenkressecreme

Zutaten

Für den Taboulé

150 g Couscous
250 ml Wasser
1 unbehandelte Orange, Saft und Abrieb
Weißweinessig
Olivenöl
Sesamöl
1 Salatgurke
2 Stangen Staudensellerie
1/2 Apfel, süßsauer
2 Frühlingszwiebeln
1 Bund Rucola, gehackt
1 Bund Koriander
50 g gelbe Rosinen
Meersalz
schwarzer Pfeffer aus der Mühle
Five-Spice-Gewürz

Für die Brunnenkressecreme

1 Bund Brunnenkresse
200 g Crème fraîche
1 Spritzer Rotweinessig
1/2 Zitrone, Saft
1 TL Senf, scharf
Meersalz
schwarzer Pfeffer aus der Mühle

Für das Hühnchen-Satay

200 g Hühnchenbrustfilet
Korianderkörner, gemahlen
schwarzer Pfeffer aus der Mühle
Meersalz
Five-Spice-Gewürz
Etwas Öl zum Braten

Zubereitung

Den Couscous in einem Sieb unter kaltem, fließendem Wasser spülen und anschließend in eine Schüssel geben. Das Wasser mit dem Saft und Abrieb der Orange, dem Weißweinessig, etwas Oliven- und Sesamöl aufkochen und das Ganze über den Couscous gießen. Diesen mit Klarsichtfolie oder einem Deckel abdecken und mindestens 15 Minuten ziehen lassen.

Die Salatgurke, den Staudensellerie sowie den Apfel schälen und in feine Würfel schneiden. Die Frühlingszwiebeln säubern und in Ringe schneiden. Den Rucola und den Koriander waschen, trocken tupfen und fein schneiden. Die Rosinen hacken. Alles beiseite stellen, um es später unter den Couscous zu rühren.

Für die Brunnenkressecreme die Brunnenkresse waschen, trocken tupfen und Blätter abzupfen. Die Crème fraîche mit der Kresse, dem Rotweinessig, dem Zitronensaft, dem Senf, Meersalz und schwarzen Pfeffer zu einer feinen Creme pürieren.

Für das Hühnchen-Satay den Ofen auf 100 °C Umluft vorheizen. Die Hühnchenbrust in dünne, lange Steifen schneiden und diese auf lange Spieße fädeln. Sie kräftig mit Korianderkörnern, Pfeffer, Meersalz und Five-Spice-Gewürz würzen und in einer Grillpfanne mit wenig Öl kurz anbraten. Danach im vorgeheizten Ofen 15 Minuten fertig garen.

Nun die Apfel-, Gurken- und Selleriewürfel mit etwas Sesamöl in einer Stielpfanne anschwitzen und zu dem gequollenen Couscous geben. Die Frühlingszwiebelringe, den Rucola, die Rosinen und eine Prise Five-Spice-Gewürz unterrühren. Das Ganze mit Meersalz und Pfeffer abschmecken und dann den frischen Koriander unterheben.

Anrichten

Den Taboulé auf Tellern anrichten, die Hühnchen-Satay darauf legen und die Brunnenkressecreme dazu servieren.

Hirseplätzchen

mit Curry-Kurkuma-Dip

Zutaten

Für die Hirseplätzchen

250 g Hirse
20 ml Olivenöl
500 ml Gemüsefond
1 rote Paprikaschote
1 Peperoni
1 Knoblauchzehe
40 g schwarze Oliven, im Ofen
   getrocknet
1 Stängel Rosmarin
3 Eier aus Freilandhaltung
100 g Quark
50 g Sojasprossen

Meersalz
schwarzer Pfeffer aus der Mühle
1 unbehandelte Zitrone, Abrieb
Erdnussöl zum Backen

Für den Dip

1 TL Madras-Curry
1 TL Kurkuma
etwas Erdnussöl
2 Zweige Koriander
250 g Joghurt
Meersalz
schwarzer Pfeffer aus der Mühle

Zubereitung

Für die Hirseplätzchen die Hirse unter fließendem Wasser spülen und gut abtropfen lassen. Das Olivenöl in einem Topf erwärmen und die Hirse darin glasig anschwitzen. Den Gemüsefond dazugeben und die Hirse bei mittlerer Hitze 20 Minuten quellen lassen. Die Hirse dann auf einem Blech verteilen, damit sie schnell abkühlt.
Die Paprikaschote und die Peperoni waschen, entkernen und in kleine Würfel schneiden. Den Knoblauch schälen und fein würfeln. Die Oliven klein hacken. Den Rosmarin zupfen und grob hacken. Zwei Eier trennen, die Eigelbe zusammen mit dem restlichen Ei, dem Quark, den Oliven, den Paprika- und Peperoniwürfeln, dem Knoblauch, dem Rosmarin, den Sojasprossen und der Hirse vermischen. Das Ganze mit Meersalz, frisch gemahlenem Pfeffer und dem Zitronenabrieb abschmecken. Das Eiweiß steif schlagen und vorsichtig unter die Hirsemasse heben. In einer beschichteten Pfanne etwas Erdnussöl erhitzen und kleine Plätzchen (ca. 5 cm Durchmesser) von beiden Seiten goldbraun backen.
In der Zwischenzeit den Dip zubereiten. Dafür den Curry zusammen mit dem Kurkuma in etwas Öl in einer kleinen Pfanne anrösten, damit sich die Aromen entfalten. Das Koriandergrün waschen, trocken tupfen und hacken. Den Joghurt glatt rühren, Curry, Kurkuma und Koriander dazugeben und mit Meersalz und Pfeffer abschmecken.
Die Plätzchen zusammen mit dem Dip reichen.

Bulgur-Kartoffel-Kugeln
mit Hummus

300 g Kichererbsen aus der Dose
1 Zitrone, Saft
120 g Sesampaste (Tahin aus dem Glas)
1 Prise Kreuzkümmel, gemahlen
50 ml Olivenöl extra vergine
Meersalz
schwarzer Pfeffer aus der Mühle
400 g Kartoffeln, festkochend
500 ml Gemüsefond
200 g Bulgur

2 Schalotten
1 Knoblauchzehe
1 Bund glatte Petersilie
50 g Quark
1 Ei aus Freilandhaltung
1 EL Mehl, Type 550
1 Prise Kreuzkümmel, gemahlen
1 Prise Paprikapulver
1 Prise Koriandersamen, gemahlen
Erdnussöl zum Frittieren

Zubereitung

Für den Hummus die Kichererbsen abgießen und kurz abspülen. Dann mit dem Zitronensaft, der Sesampaste, dem Kreuzkümmel und dem Olivenöl fein pürieren. Mit Meersalz und Pfeffer abschmecken und kaltstellen.

Die Kartoffeln schälen und in Salzwasser etwa 15 Minuten kochen, sodass sie noch fest sind. Abgießen und gut ausdampfen lassen, anschließend auf einer groben Küchenreibe reiben.

Für den Bulgur den Gemüsefond aufkochen und den Bulgur dazugeben. Den Topf vom Feuer nehmen und den Bulgur ca. 15 Minuten im geschlossenen Topf quellen lassen. In der Zwischenzeit die Schalotten und den Knoblauch schälen und in feine Würfel schneiden. Die Petersilie waschen und fein hacken. Die noch warmen Kartoffelraspeln mit dem Bulgur, dem Quark, dem Ei, dem Mehl, der Petersilie, den Schalotten- und Knoblauchwürfeln mischen. Das Ganze mit Kreuzkümmel, Paprika, Koriandersamen, Pfeffer und Meersalz würzen. Die Masse etwas abkühlen lassen und dann zu kleinen, Golfball großen Kugeln formen.

In einem weiten Topf das Öl zum Frittieren erhitzen. Mit einem Holzlöffelstiel die Hitze testen – wenn sich kleine, sprudelige Blasen an dem Löffel bilden, ist das Fett heiß genug. Die Kugeln nach und nach darin knusprig ausbacken, herausnehmen und auf Küchenkrepp abtropfen lassen. Sofort zusammen mit dem Hummus servieren.

Tipp

Peppen Sie die deutsche Kartoffelküche doch mal mit Bulgur auf! Das einfach zu verarbeitende Lebensmittel wird für Abwechslung in Ihrer Küche sorgen.

Riesengarnelen-Küchlein

mit grünem Pfannengemüse und Korianderdressing

Zutaten

Für die Riesengarnelen-Küchlein

500 g Riesengarnelen
1 Stange Frühlingslauch
1 Knoblauchzehe
1 Peperoni
1 EL Koriander, gehackt
1 EL Fischsauce
Meersalz
schwarzer Pfeffer aus der Mühle
Erdnussöl

Für das Dressing

1 TL Ingwer, gehackt
1 Knoblauchzehe
1 Peperoni
1 Bund Koriander, gehackt
4 EL Limonensaft

2 EL Fischsauce
2 EL Vollrohrzucker
1 EL Reisweinessig
3 EL Wasser

Für das Pfannengemüse

2 Stangen Frühlingslauch
50 g Zuckerschoten
50 g Prinzessbohnen
2 Stangen Staudensellerie
Erdnussöl
1 EL Sojasauce
1 Spritzer Fischsauce
1 TL Sesamöl
2 EL Mirin (japanischer Reiswein)
1 Msp. Chili
1 TL Ingwer, gehackt

Zubereitung

Für die Küchlein die Riesengarnelen schälen und den Darm entfernen. Die Hälfte der gesäuberten Garnelen zu einer Paste pürieren, die andere Hälfte fein hacken. Den Frühlingslauch waschen, putzen und fein schneiden. Den Knoblauch schälen, den Koriander waschen und trocknen. Den Knoblauch und die Peperoni sehr fein hacken. Zusammen vermischen und mit Koriander, Fischsauce, Meersalz und Pfeffer abschmecken.

Für das Dressing Ingwer und Knoblauch schälen. Alles fein hacken, ebenso die Peperoni. Das Ganze mit den übrigen Zutaten so lange vermischen, bis sich der Vollrohrzucker aufgelöst hat.

Nun den Ofen auf 160 °C vorheizen. In einer Teflonpfanne etwas Erdnussöl erhitzen und aus der Garnelenmasse kleine, etwa golfballgroße Kugeln formen. Diese in die Pfanne legen und leicht platt drücken. Sie von beiden Seiten anbraten und im Ofen fünf Minuten fertiggaren. Die Küchlein sollten durch, aber nicht trocken sein.

Das Gemüse waschen, putzen und zerkleinern. In einer Pfanne oder einem Wok etwas Erdnussöl erhitzen und das Gemüse darin unter ständigem Rühren anbraten. Dabei darauf achten, dass es gut bissfest bleibt. Das Ganze mit Sojasauce, Fischsauce, Sesamöl, Mirin, Chili und Ingwer abschmecken.

Anrichten

Die Riesengarnelenküchlein zusammen mit dem Pfannengemüse auf Tellern anrichten und das Dressing in kleinen Schalen dazu servieren.

Omelette
mit Feldsalat und Cocktailtomaten

Für den Salat
100 g Bio-Feldsalat
10 Cocktailtomaten
3 EL Olivenöl extra vergine
1 EL Aceto Balsamico, weiß
1 TL Honig
Meersalz
schwarzer Pfeffer aus der Mühle

Für das Omelette
3 Eier aus Freilandhaltung
2 EL süße Sahne
Meersalz
1 EL Butter
schwarzer Pfeffer aus der Mühle

Zubereitung

Den Feldsalat putzen, waschen und trocken schleudern. Die Cocktailtomaten ebenfalls waschen, von den Strünken befreien und vierteln. Für die Vinaigrette das Olivenöl extra vergine mit dem Essig, dem Honig, Meersalz und Pfeffer verrühren.
Für das Omelette die Eier in eine kleine Schüssel aufschlagen und mit der Sahne und etwas Meersalz leicht verquirlen. Die Butter in einer beschichteten Pfanne bei schwacher bis mittlerer Hitze schmelzen und die Eiermasse dazugeben. Wenn die Eier zu stocken beginnen, die Pfanne leicht anheben und rütteln, damit die Eier an den Pfannenrand rutschen. Den Eierkuchen dann einmal in der Mitte längs umklappen, damit eine Tasche entsteht. Das Omelette sollte nach der Fertigstellung außen sehr hell und innen noch weich sein.

Anrichten

Die Tomatenviertel und den Feldsalat in eine Schüssel geben, mit der Vinaigrette marinieren und gegebenenfalls mit den verwendeten Zutaten der Vinaigrette nachwürzen. Das Omelette auf einen Teller geben, den Feldsalat mit den Tomatenviertel anlegen und mit frisch gemahlenem Pfeffer würzen. Sofort servieren.

Minutensteak-Sandwich

mit Aromatencreme

Zutaten

Für die Paprikastreifen
2 rote Paprikaschoten
Olivenöl

Für die Aromatencreme
1 Eigelb
1 Msp. Knoblauch, gehackt
50 ml Traubenkernöl
50 ml Olivenöl
Meersalz
schwarzer Pfeffer aus der Mühle
1 Spritzer Zitronensaft
5 schwarze Oliven
2 getrocknete Tomaten
1 Stängel Thymian, gezupft
1 Stängel Rosmarin, gezupft

Für die karamellisierten Schalotten
4 Schalotten
50 g Zucker
2 TL Aceto Balsamico

Für die Baguettes und den Kräuterbelag
frisches Baguette, geviertelt
200 g Kräutersalat (Petersilie, franz. Basilikum, Spinat, Sellerieblätter, Zitronenthymian, Kresse, Frisée, Brunnenkresse o. ä.), küchenfertig vorbereitet
Meersalz, grob

Für die Minutensteaks
3 EL Erdnussöl
200 g Rinderfilet, sehr dünn geschnitten
schwarzer Pfeffer aus der Mühle

Zubereitung

Die Paprikaschoten waschen, halbieren und das Kerngehäuse entfernen. Die Schoten auf ein Blech setzen, mit etwas Olivenöl beträufeln und bei 140 °C ca. 40 Minuten im Ofen schmoren. Danach mit Klarsichtfolie abdecken und auskühlen lassen. Die abgekühlten Schoten häuten und in Streifen schneiden.

Für die Aromatencreme das Eigelb und den Knoblauch in eine Metallschüssel geben und mit einem Schneebesen gut verrühren. Das Traubenkernöl und das Olivenöl erst tröpfchenweise, dann etwas schneller einfließen lassen, bis eine dickliche Creme entsteht. Diese mit Meersalz, Pfeffer und Zitronensaft abschmecken. Sollte sie zu fest geworden sein, mit einigen Tropfen Wasser verdünnen. Die Oliven, die getrockneten Tomaten, den Thymian und Rosmarin fein hacken und unter die Creme rühren.

Die Schalotten schälen und in feine Ringe schneiden. Den Zucker in einer beschichteten Pfanne zu dunklem Karamell schmelzen, dann die Schalotten zugeben. Einige Male durchschwenken und mit Aceto Balsamico ablöschen. Die Pfanne abdecken und die Schalotten etwa 10 Minuten dünsten. Den entstandenen Saft wieder einkochen, bis die Schalotten gar und schön braun sind. Danach zur Seite stellen.

Die Baguettes kurz im Ofen aufbacken.

In einer beschichteten Pfanne etwas Erdnussöl erhitzen. Das Rinderfilet in vier sehr dünne Steaks schneiden und eventuell leicht plattieren. Die Steaks nur mit grob gemahlenem Pfeffer würzen und bei großer Hitze auf jeder Seite eine Minute braten.

Anrichten

Die Baguettes halbieren und die Aromatencreme auf die untere Hälfte streichen. Kräutersalat, Paprika und Schalotten darüber verteilen und mit dem Minutensteak belegen. Mit grobem Meersalz würzen und mit der zweiten Baguette-Hälfte bedecken.

Vollkorn-Toast

mit Avocado, Radieschen-Kresse und Anis-gebeiztem Lachs

Zutaten

Anisbeize

10 g Sternanis
1 g Lorbeer
1,5 g Wacholder
1 g Thymian
1 g schwarzer Pfeffer
1 g Kümmel
80 g Meersalz
100 g Vollrohrzucker

350 g Schottischer Lachs

Honig-Senf-Creme

2 Eigelbe
1 TL grober Senf
1 TL Dijon Senf
Meersalz
1 EL Waldhonig
250 ml Traubenkernöl
1 TL Zitronensaft
frisch gemahlener Pfeffer
1 Avocado, reif
8 Scheiben Vollkorn-Toast
1 Schälchen Radieschen-Kresse

Zubereitung

Für die Anisbeize alle Gewürze in einem Mörser zerstoßen und mit dem Meersalz und dem Zucker vermischen. Das Lachsfilet damit einreiben, mit Klarsichtfolie abdecken und 24 Stunden beizen.

Am nächsten Tag den Lachs mit kaltem Wasser kurz abspülen und mit etwas Papier von der Küchenrolle trocken tupfen. Danach mit einem scharfen, feinen Messer in sehr dünne, schräge Scheiben schneiden.

Für die Honig-Senf-Creme die Eigelbe mit dem Senf, dem Meersalz und dem Honig mit einem Schneebesen verrühren. Dann das Öl langsam dazurühren, erst tröpfchenweise, dann etwas schneller. Die mayonnaise-ähnliche Creme mit Zitronensaft, Meersalz und Pfeffer abschmecken.

Die Avocado schälen und in schöne Spalten schneiden. Das Brot toasten und mit der Avocado und den Lachsscheiben belegen. Die Honig-Senf-Creme darübergeben und mit der Radieschen-Kresse belegen.

Tipps

Investieren Sie ruhig etwas mehr Zeit und Geld in den Lachs – es zahlt sich aus! Denn erstens hat der Fisch dann eine hohe Qualität und zweitens macht es unglaublich viel Spaß, selbst einen Lachs zu beizen. Sie werden sehen, dieses Sandwich ist nicht nur ein köstlicher Genuss, sondern auch ein Kocherlebnis, das Sie begeistern wird. Und gesund ist es auch noch! Untersuchungen haben ergeben, dass vor allem Schlaganfälle und Herzinfarkte viel seltener in Regionen auftreten, in denen viel Fisch gegessen wird, wie etwa in Japan, den Mittelmeerländern und bei den Eskimos. Essen Sie darum zwei bis dreimal pro Woche Omega-3-Fettsäure-reichen Fisch (ideal sind fettreiche Kaltwasserfische wie Makrele, Lachs, Thunfisch und Hering), diese können das Herzinfarktrisiko deutlich senken.

SALATE

Rucolasalat

mit frischen Feigen, Pekannüssen und Fourme d'Ambert

Zutaten

250 g Rucola
4 Feigen, frisch
40 g Pekannüsse
50 ml Olivenöl extra vergine
25 ml Aceto Balsamico

etwas Honig
Meersalz
80 g Fourme d'Ambert (oder ein anderer
   Blauschimmelkäse)
schwarzer Pfeffer aus der Mühle

Zubereitung

Den Rucola waschen und trocken schleudern. Die Feigen vierteln. Die Pekannüsse in einer trockenen Pfanne unter Rühren hell rösten. Für das Dressing Olivenöl, Aceto Balsamico, Honig, Meersalz und Pfeffer gut miteinander verrühren.

Anrichten

Den Rucola mit den Feigen, den Pekannüssen und dem Dressing vermischen. Den Salat auf flache Teller geben und den Fourme d'Ambert in kleinen Stücken darüber verteilen. Zum Schluss noch frisch gemahlenen Pfeffer darüberstreuen.

Mediterraner Gemüsesalat

mit Parmesanspänen

Zutaten

Für den Salat

1 rote Paprikaschote
1 gelbe Paprikaschote
200 ml Olivenöl
1 Aubergine
Meersalz
2 Zucchini
1 Bund Thymian
1 Bund Rosmarin
2 Knoblauchzehen, angedrückt
schwarzer Pfeffer aus der Mühle
6–8 Cocktailtomaten

Für das Dressing

4 EL warme Gemüsebrühe
4 EL Olivenöl extra vergine
Meersalz
schwarzer Pfeffer aus der Mühle

Für das Pesto

15 g Pinienkerne
1 Knoblauchzehe
60 g Basilikumblätter
100 ml Olivenöl extra vergine
Meersalz
schwarzer Pfeffer aus der Mühle
20 g Parmesan, frisch gerieben

Zubereitung

Für den Salat die Paprikaschoten waschen, entkernen, auf ein Backblech legen, mit etwas Öl beträufeln und bei 150 °C ca. 45 Minuten im Backofen schmoren. Danach aus dem Ofen nehmen, mit Alufolie abdecken und auskühlen lassen. Die abgekühlten Paprikaschoten häuten und anschließend in schöne große Stücke schneiden.

Die Aubergine waschen, in Scheiben schneiden und in eine Schüssel geben, mit 1 TL Meersalz vermischen und etwa 10 Minuten Wasser ziehen lassen.

Die Zucchini ebenfalls waschen, in Scheiben schneiden und in einer beschichteten Pfanne in reichlich Olivenöl zusammen mit je 1 Thymian- und Rosmarinstängel sowie 1 Knoblauchzehe goldbraun braten. Die Zucchinischeiben sollten dabei nicht übereinander liegen. Das Ganze mit Meersalz, Pfeffer, Thymian, Rosmarin und Knoblauch kräftig würzen, danach die Auberginen ebenso braten und würzen.

Die Cocktailtomaten an der Unterseite einritzen und mit kochendem Wasser übergießen, danach häuten und mit etwas Olivenöl marinieren.

Für das Dressing die Gemüsebrühe mit dem Olivenöl mixen und mit Meersalz und Pfeffer abschmecken. Das Gemüse damit marinieren.

Für das Pesto die Pinienkerne goldbraun rösten und auskühlen lassen, anschließend zusammen mit dem Knoblauch entweder im Mörser oder in einer Moulinette zu einer feinen Paste verarbeiten. Dann das Basilikum und das Olivenöl dazugeben und alles zu einer grünen Paste verarbeiten. Diese mit Meersalz, Pfeffer und Parmesan abschmecken.

Anrichten

Auf einer große Platte das gegrillte bzw. geschmorte Gemüse anrichten und mit Pesto beträufeln. Dazu schmecken Rucola, Büffelmozzarella und knuspriges Brot.

Linsensalat

mit Roten Beten und gratiniertem Ziegenfrischkäse

Zutaten

Für den Linsensalat
170 g Du-Puy-Linsen (französische
   grüne Linsen)
500 ml Wasser
1 Bund grüner Spargel
Salz
Eiswasser
1 rote Zwiebel
2 Strauchtomaten, reif
4 Rote Beten, gegart
50 ml Olivenöl

15 ml Aceto Balsamico
Meersalz, fein und grob
schwarzer Pfeffer aus der Mühle
1 Bund glatte Petersilie

Für den gratinierten Ziegenkäse
200 g Ziegenfrischkäse
2 EL Zucker

Außerdem
Aceto Balsamico, alt

Zubereitung

Für den Salat die Linsen im Wasser aufkochen und dann bei niedriger Temperatur ca. 20 Minuten garen. Nicht salzen, sonst verzögert sich die Garzeit! Die Spargelstangen nur an den Enden schälen und halbieren, in kochendem Salzwasser blanchieren und in Eiswasser abschrecken. Die rote Zwiebel schälen und in sehr feine Würfel schneiden. Die Tomaten waschen und in kleine Würfel schneiden. Die Roten Beten halbieren und in Scheiben oder kleine Spalten schneiden.

Die noch warmen Linsen in einer Schüssel mit den Tomaten, den Zwiebeln, den Roten Beten und den Spargelstücken vermischen. Das Olivenöl, den Aceto Balsamico, feines Meersalz und Pfeffer dazugeben. Die Petersilie waschen, Blättchen abzupfen, in feine Juliennestreifen schneiden und ebenfalls untermischen.

Nun den Ziegenfrischkäse in schöne Scheiben schneiden, auf eine feuerfeste Unterlage legen und mit dem Zucker bestreuen. Mit einem Bunsenbrenner die Oberfläche karamellisieren.

Anrichten

Den Linsensalat auf vier Teller verteilen und mit dem Ziegenkäse belegen. Zum Schluss mit etwas altem Balsamico beträufeln.

Makkaronisalat
mit Artischocken und Büffelmozzarella

Zutaten

Für den Makkaronisalat
400 g Makkaroni, kurz
Salz
40 ml Olivenöl extra vergine
8 Baby-Artischocken (wahlweise auch
   aus dem Glas)
1/2 Schalotte, geschält
1 Knoblauchzehe
1 Stängel Thymian
Meersalz
schwarzer Pfeffer aus der Mühle
50 ml Martini Extra dry
100 g Tomaten, im Ofen getrocknet
1/2 rote Zwiebel

60 g Nizza-Oliven, schwarz
150 g Mini-Büffelmozzarellakugeln
   (ca. 12 Stück)
1 Bund glatte Ptersilie

Für die Vinaigrette
225 ml Olivenöl etxra vergine
80 ml weißer Aceto Balsamico
1 TL Honig
Meersalz
schwarzer Pfeffer aus der Mühle
1 unbehandelte Zitrone, Abrieb

Zubereitung

Die Makkaroni in sprudelnd kochendem Salzwasser al dente kochen, abgießen und zum Auskühlen auf ein Blech ausbreiten. Die Nudeln großzügig mit Olivenöl beträufeln. Den Stiel der Baby-Artischocken mit einem Sparschäler schälen. Die kleinen Blätter direkt über dem Blütenansatz abzupfen und mit einem kleinen Messer sauber um das »Herz« herumschneiden. Die Artischocken halbieren, vierteln und sofort in eine Schüssel mit kaltem Wasser und einer geschälten, halbierten Schalotte legen. Die Schwefelstoffe der Schalotte verhindern, dass die Artischocken oxidieren und sich braun verfärben.

Nun Olivenöl in einem mittelgroßen Topf erhitzen, die Artischocken gut abtropfen lassen und dazugeben. Die Knoblauchzehe mit dem Handrücken so andrücken, dass sie an einer Stelle aufreißt. Sie zusammen mit dem Thymianstängel zu den Artischocken geben. Die Artischocken goldbraun anbraten, mit Salz und Pfeffer würzen und mit dem Martini ablöschen. Den Topf mit einem Deckel abdecken und die Artischocken ca. 10 Minuter schmoren und abkühlen lassen. Das überschüssige Öl wird, sobald es abgekühlt ist, für die Vinaigrette weiter verwendet. (Sollten Sie Artischocken aus dem Glas verwenden, wird für die Vinaigrette weniger Olivenöl benötigt.)

Die getrockneten Tomaten in ca. 0,5 cm große Würfel schneiden. Die Zwiebel schälen und in feine Streifen schneiden. Die Oliven halbieren. Die Mozzarellakugeln je nach Größe ganz lassen oder vierteln. Die Petersilie waschen, trocken tupfen und fein hacken.

Für die Vinaigrette das Olivenöl mit dem weißen Balsamico und dem Honig verrühren und mit Meersalz, Pfeffer und dem Abrieb der Zitrone abschmecken.

Alle Zutaten miteinander vermischen, die gehackte Petersilie dazugeben und nochmals abschmecken.

Hühnchensalat

mit Szechuanpfeffer, Gurke und Limone

Zutaten

4 Hühnerbrüste à 150 g
1 TL Szechuanpfeffer, zerstoßen
Erdnussöl
1/2 Kopf Eisbergsalat
1 kleine Salatgurke
2 Stangen Frühlingslauch
100 g Sojasprossen
1 TL Ingwer, gehackt

1 Zweig Koriander
1 Zweig Minze
1 EL Fischsauce
1 TL Sesamöl
1 TL Akazienhonig
1 unbehandelte Limone, Abrieb und Saft
Meersalz

Zubereitung

Den Ofen auf 160 °C vorheizen. Die Hühnerbrüste mit Küchenkrepp abtupfen, sauber parieren (von Sehnen und Knochen lösen) und mit zerstoßenem Szechuanpfeffer würzen. Etwas Erdnussöl in einer beschichteten Pfanne erhitzen und die Hühnerbrüste darin von allen Seiten scharf anbraten. Danach für ca. 15 Minuten in den Ofen geben. In der Zwischenzeit den Eisbergsalat in feine Streifen schneiden, kalt abspülen und trocken schleudern. Die Gurke schälen, halbieren und das Kerngehäuse entfernen. Ebenfalls in feine Streifen schneiden. Den Frühlingslauch waschen, putzen und in schräge Steifen schneiden. Die Sojasprossen kurz abspülen und trocken tupfen. Die Kräuter auch kurz abspülen, trocknen und die Blätter abzupfen. Den Ingwer schälen und fein raspeln. Alle Zutaten in einer Schüssel vermischen.
Für das Dressing die Fischsauce, das Sesamöl, den Honig, den Abrieb und den Saft der Limone miteinander verrühren und mit etwas Meersalz abschmecken.

Anrichten

Die Hühnchenbrüste in Streifen schneiden und mit dem Salat und dem Dressing vermischen. Den Salat mit etwas gestoßenem Szechuanpfeffer würzen und sofort servieren.

Tipp

Ich empfehle immer wieder, anstelle von Zucker Honig zu verwenden. Wenn Sie in Rezepten Honig durch Zucker ersetzen möchten, gilt folgende Faustregel: 100 g Honig ersetzt etwa 80 g Zucker.

SUPPEN

Brunnenkresse-Schaumsuppe

Grüne Vitamin-C-Bombe

Zutaten

120 g Brunnenkresse
Meersalz
Eiswasser
50 g Butter
3 Schalotten
2 EL Walnussöl

100 ml Weißwein
100 ml Martini Extra Dry
600 ml Geflügelfond
400 ml süße Sahne
weißer Pfeffer aus der Mühle
Muskatnuss, frisch gerieben

Zubereitung

Die Brunnenkresse zupfen, in kochendem Salzwasser blanchieren und in Eiswasser abschrecken. Danach gut ausdrücken und zusammen mit der Butter in einer Küchenmaschine zu einer feinen Paste pürieren. Beiseite stellen.

Die Schalotten schälen, fein würfeln und in einem Topf mit dem Walnussöl anschwitzen. Mit dem Weißwein und dem Martini Extra dry ablöschen, bis zur Hälfte einkochen und mit dem Geflügelfond auffüllen. Wieder etwas einreduzieren lassen, dann 300 ml Sahne dazugeben und das Ganze 10 Minuten köcheln lassen.

Die Suppe durch ein feines Sieb passieren und mit Meersalz, weißem Pfeffer und Muskatnuss abschmecken.

Anrichten

Die Suppe kurz vor dem Servieren noch einmal aufkochen und das Brunnenkresse-Püree dazugeben. Die restliche Sahne dazugießen, alles mit einem Stabmixer aufschäumen, in Suppentassen verteilen und sofort servieren.

Tipp

Brunnenkresse ist in deutschen Küchen leider ein wenig in Vergessenheit geraten. Sie schmeckt sehr gut in Salaten, auf dem Butterbrot oder als Suppe und bringt einen alten Geschmackskick zurück in die Küche. Brunnenkresse gilt als appetitanregend, stoffwechselfördernd und enthält viel Vitamin C.

Frühlingsgemüsesuppe

mit Mais, Zucchini und Erbsen

Für die Brühe

2 große Zwiebeln
2 Karotten
2 Stangen Staudensellerie
1 Stange Lauch
1 Bund glatte Petersilie
3 EL Haselnuss- oder Rapsöl
1 TL Pfefferkörner, schwarz
2 Lorbeerblätter
1 EL Meersalz
2 l Wasser

Für die Einlage

1 Stange Lauch
1 Zucchino, klein
1 Stange Staudensellerie
3 kleine rote Kartoffeln
50 g grüne Bohnen
1 Karotte
200 g Maiskörner
2 Strauchtomaten, reif
Eiswasser
3 EL Haselnuss- oder Rapsöl
50 g Erbsen, blanchiert

Zubereitung

Für die Gemüsebrühe alle Gemüsezutaten waschen, gegebenenfalls schälen und putzen, in mittelgroße Stücke schneiden und in einem großen Topf in etwas Öl anschwitzen. Die Pfefferkörner, den Lorbeer und das Meersalz dazugeben und mit Wasser auffüllen. Das Ganze einmal kräftig aufkochen lassen, dabei den Schaum an der
Oberfläche abschöpfen. Anschließend die Hitze reduzieren und die Brühe etwa
1 Stunde zugedeckt köcheln lassen. Danach durch ein feines Sieb passieren.
Für die Einlage ebenfalls alle Gemüsezutaten waschen und putzen. Den Lauch in feine Ringe, den Zucchino in kleine Rauten schneiden. Den Staudensellerie und die
ungeschälten Kartoffeln würfeln. Die Bohnen in kleine Stifte schneiden, die Karotte mit
einem Kugelausstecher ausstechen. Jede Gemüsezutat sollte anders geschnitten werden, damit die bunte Vielfalt zur Geltung kommt. Die Tomaten einritzen, kurz blanchieren und in Eiswasser abschrecken. Danach die Haut abziehen, die Kerne entfernen
und die Tomaten in Streifen schneiden.
Die Kartoffeln, den Sellerie, die Karotten, die Bohnen, den Mais, den Zucchino und den
Lauch nach und nach in etwas Öl anschwitzen. Dann mit der Brühe ablöschen und die
Suppe etwa 15 Minuten köcheln lassen.

Anrichten

Zum Anrichten die Erbsen und Tomaten in die Brühe geben und diese sofort servieren.

Klare Hühnersuppe

mit Zitrone und Asia-Nudeln

Zutaten

1 kg Hühnchenfleisch mit Knochen
1 Ingwerstück, walnussgroß
1 Stange Lauch, küchenfertig vorbereitet
  und zerkleinert
1 TL schwarze Pfefferkörner
2 l Wasser
Meersalz
150 g Asia-Eiernudeln

12 Kolben Minimais
2 Stangen Frühlingslauch
50 g Zuckerschoten
1 Stange Staudensellerie
1 kleine Chilischote
1 EL Fischsauce
3 EL Zitronensaft

Zubereitung

Das Hühnchen unter kaltem Wasser abspülen und zusammen mit dem Ingwer, dem Lauch, den Pfefferkörnern und 2 l kaltem Wasser in einem großen Topf aufkochen. Den Schaum, der an der Oberfläche entsteht, mit einer Schöpfkelle entfernen. Dann die Hitze etwas reduzieren und die Brühe für ca. 3 Stunden zugedeckt köcheln lassen. Anschließend durch ein feines Sieb passieren und gegebenenfalls etwas salzen. Das Hühnchenfleisch von den Knochen lösen und in kleine Würfel schneiden.
Die Asia-Nudeln nach Packungsanleitung kochen, abgießen und kurz zur Seite stellen. Das Gemüse waschen und den Mais längs vierteln, den Frühlingslauch in feine Ringe, die Zuckerschoten in Streifen und den Staudensellerie in kleine Stücke schneiden. Die Chilischote entkernen und fein würfeln.
Die Hühnerbrühe nochmals kräftig aufkochen und das Gemüse darin garen. Das Hühnchenfleisch zugeben, die Suppe mit der Fischsauce und dem Zitronensaft würzen und zum Schluss die Asia-Nudeln dazugeben. Die Suppe heiß servieren.

»Für mich ist es das Größte, wennich merke, dass bei den Spielern in Sachen Ernährung ein Bewusstseinswandel stattfindet. Vor kurzem etwa bekam ich von einem Spieler eine SMS: *Ich koche gerade deine leckere Nudelsuppe. Wenn ich morgen kein Tor schieße, weiß ich auch nicht mehr ...* Und was soll ich sagen? Er hat getroffen.«

Maiscremesuppe
mit Cornflakes

Zutaten

1 Zwiebel
1 Knoblauchzehe
280 g Mais aus der Dose
etwas Olivenöl
1 TL scharfe Paprikaflakes oder etwas
   Chilischote, gehackt
1 l Hühnerbrühe

75 g Crème fraîche
Meersalz
schwarzer Pfeffer aus der Mühle
1 unbehandelte Limone, Saft
50 g Cornflakes, ungesüßt, aus dem
   Bioladen

Zubereitung

Die Zwiebel und den Knoblauch schälen und in feine Würfel schneiden. Den Mais in ein Sieb geben, unter fließendem Wasser abspülen und abtropfen lassen. In einem Topf Olivenöl leicht erhitzen und die Zwiebeln zusammen mit dem Knoblauch und den Paprikaflakes darin kurz andünsten. Den Mais und die Hühnerbrühe zufügen und kurz aufkochen. Die Hitze etwas reduzieren und die Maiscremesuppe ca. 10 Minuten leicht köcheln lassen. Den Topf vom Herd nehmen, die Suppe mit einem Pürierstab mixen und durch ein Sieb passieren. Die Crème fraîche unter die Maiscremesuppe rühren und diese mit Meersalz, Pfeffer und frisch gepresstem Limonensaft würzen.

Anrichten

Die Suppe in Schälchen oder tiefe Teller füllen und mit den Cornflakes bestreuen.

Tofu-Miso-Suppe
mit Shii-Take-Pilzen

Zutaten

- 4 EL Wakame, getrocknet (japanische Braunalge, sehr aromatisch und jodhaltig)
- 8 Shii-Take-Pilze
- 3 Stangen Frühlingslauch
- 125 g Päckchen Tofu
- 1 Karotte
- 1 l Wasser
- 3 EL Miso-Paste (rote Sojabohnenpaste)
- 1 EL Dashi-Brühe (aus dem Asialaden)
- 1 Päckchen (250 g) Soba-Nudeln (japanische Buchweizennudeln)
- 1 Prise Salz
- etwas Koriander, küchenfertig und gezupft
- einige Tropfen Sesamöl
- 3 EL Bonito-Flocken (aus dem Asialaden)

Zubereitung

Die Wakame in lauwarmem Wasser 10 Minuten einweichen, größere Stiele entfernen, in mundgerechte Stücke schneiden und nochmals unter kaltem Wasser abwaschen. Die Stiele der Shii-Take-Pilze entfernen und die Kappen in feine Streifen schneiden. Den Frühlingslauch waschen, putzen und in feine Ringe schneiden. Einen Teil der Ringe als Garnitur aufheben. Den Tofu in kleine Würfel schneiden. Die Karotte schälen und in sehr feine Scheiben schneiden.

Nun das Wasser zusammen mit der Miso-Paste und der Dashi-Brühe aufkochen, danach alle vorbereiteten Zutaten in die Miso-Suppe geben. Noch einmal aufkochen und 5 Minuten ziehen lassen.

In der Zwischenzeit die Soba-Nudeln nach Packungsanleitung kochen.

Anrichten

Die fertigen Soba-Nudeln in vier Schälchen verteilen. Die Miso-Suppe über die Nudeln geben und mit einigen Korianderblättern bestreut und ein paar Tropfen Sesamöl servieren. Die Bonito-Flocken separat zur Suppe reichen, sie werden kurz vor dem Verzehr nach Belieben in die Suppe gegeben.

Tipp

In Japan, so sagt das Sprichwort, beginnt jeder Morgen mit einer Miso-Suppe. Sie ist extrem gesund, nährstoffreich, leicht zuzubereiten und weltklasse-lecker!

Petersilienschaumsuppe
mit Trüffelöl

Zutaten

3 Schalotten
200 g Petersilienwurzel
150 g Kartoffeln, mehligkochend
20 g Butter
100 ml Martini Extra dry
1 l Gemüsebrühe

1 Lorbeerblatt
125 g Crème fraîche
Meersalz
schwarzer Pfeffer aus der Mühle
etwas Muskatnuss, gerieben
etwas Trüffel oder Trüffelöl

Zubereitung

Die Schalotten, die Petersilienwurzel und die Kartoffeln schälen und in grobe Würfel schneiden. Die Butter in einem großen Topf schmelzen und die Würfel darin andünsten. Mit Martini ablöschen, bis zur Hälfte einkochen lassen und mit der Gemüsebrühe auffüllen. Das Lorbeerblatt dazugeben und die Suppe 20 Minuten köcheln lassen.
Danach das Lorbeerblatt entfernen, die Suppe pürieren und durch ein Sieb passieren. Die Crème fraîche einrühren und die Suppe mit Meersalz, Pfeffer und Muskat abschmecken. Nach Belieben einige Tropfen Trüffelöl oder etwas gehackten Trüffel dazugeben.

Anrichten

Die Suppe vor dem Servieren mithilfe eines Mixstabs gut aufschäumen und in tiefe Teller gießen.

FLEISCH & GEFLÜGEL

Gegrillte Hühnchenbrust

mit Pomelosalat und Sweet-Chili-Mayonnaise

Für die Basissauce

1 Knoblauchzehe, geschält
20 g Koriandergrün
230 ml weißer Essig
40 g Sambal Olek, scharfe Chilipaste
   (aus dem Asia Laden)
30 ml Fischsauce

Für die Hühnchenbrust

4 Hühnchenbrüste à 150 g

Für die Sweet-Chili-Mayonnaise

40 g Basissauce
2 Eigelbe
120 ml Erdnussöl
1 Spritzer Limonensaft
10 g Sambal Olek

Für den Pomelo-Salat

40 g Basissauce
40 ml weißer Essig
20 g Honig
40 ml Erdnussöl
Meersalz
schwarzer Pfeffer aus der Mühle
1 Pomelo
1 Salatgurke
2 Stangen Staudensellerie
10 Radieschen
einige Granatapfelkerne
1 Bund Minze
4 EL Erdnüsse, geröstet und zerstoßen
2 EL Kokosnussraspeln

Die Sweet-Chili-Mayonnaise besteht aus einer Basissauce, die man in einer größeren Menge vorbereiten und vielseitig verwenden kann. In unserem Fall dient sie einmal als Grundlage für eine Vinaigrette und einmal als Basis für die Mayonnaise.

Für die Basissauce den Knoblauch mit dem Koriandergrün und 30 ml weißem Essig fein pürieren. Das Püree mit dem Sambal Olek, dem restlichen Essig und der Fischsauce einmal aufkochen und 20 Minuten auf niedriger Stufe weiterkochen. Danach die Sauce erkalten lassen und in einem Einweckglas im Kühlschrank aufbewahren.

Nun den Ofen auf 150 °C vorheizen. Die Hühnchenbrüste unter kaltem Wasser abspülen, trocken tupfen und sauber parieren. Danach in einer sehr heißen Grillpfanne von beiden Seiten grillen und im vorgeheizten Ofen ca. 10 bis 12 Minuten fertiggaren.

Für die Sweet-Chili-Mayonnaise die Basissauce mit den Eigelben verrühren. Danach unter ständigem Rühren das Öl tröpfchenweise einfließen lassen, bis eine Mayonnaise entstanden ist. Mit einem Spritzer Limonensaft und Sambal Olek abschmecken.

Für die Vinaigrette des Salates die Basissauce mit dem Essig, dem Honig und dem Erdnussöl verrühren und mit Meersalz und Pfeffer abschmecken. Die Pomelo schälen und das Fruchtfleisch zupfen. Die Salatgurke schälen und in feine, lange Streifen schneiden. Radieschen ebenfalls in feine Streifen schneiden. Den Staudensellerie putzen und fein würfeln. Die Granatapfelkerne von den weißen Häuten befreien. Die Minze waschen, zupfen und fein hacken. Das Ganze mit den Erdnüssen und den Kokosraspeln vermischen und mit der Vinaigrette marinieren.

Den Salat auf vier Teller anrichten, jede Hühnchenbrust in Scheiben teilen und dazulegen. Das Ganze zusammen mit der Sweet-Chili-Mayonnaise servieren.

Geschmortes Landhuhn

mit Gemüsereis

Zutaten

Für das Huhn
1,2 kg Landhuhn, Keulen und Brüste
1 Salzzitrone
3 Schalotten
2 Knoblauchzehen
1 Ingwerstück, walnussgroß
1 Msp. Safranfäden
100 ml Wasser, lauwarm
30 g Butter
2 EL Olivenöl

400 ml Hühnerbrühe
100 g grüne Oliven
1 Bund Koriander, gehackt

Für den Gemüsereis
250 g Reis
1 kleine Karotte
je 1 Stck. Zucchini grün und gelb
1 Stängel Staudensellerie
etwas Salz und Butter

Zubereitung

Die Landhuhnteile unter kaltem Wasser abspülen und mit Küchenkrepp trocken tupfen. Die Salzzitrone vierteln, das Fruchtfleisch und die Kerne entfernen und nur die Schale in feine Streifen schneiden. Die Schalotten, die Knoblauchzehen und den Ingwer schälen und fein würfeln. Die Safranfäden in lauwarmem Wasser einweichen.

Die Butter zusammen mit dem Olivenöl erhitzen und die Schalotten darin glasig anschwitzen. Das Landhuhn dazugeben und von allen Seiten anbraten.

Nun den Knoblauch, den Ingwer, den Safran und die Hühnerbrühe dazugeben und einmal aufkochen lassen, mit einem Deckel abdecken und etwa 1 Stunde langsam und bei reduzierter Hitze schmoren lassen. Sollte das Fleisch nicht vollständig mit Brühe bedeckt sein, einfach noch etwas Flüssigkeit dazugeben.

Die Oliven und die Salzzitronenstreifen untermengen und alles weitere 15 Minuten schmoren. Die Hühnerteile herausnehmen und die Sauce zu gewünschter Konsistenz einkochen.

Für den Gemüsereis den Reis nach Packungsanweisung kochen. Das Gemüse in sehr feine Würfel schneiden (nicht größer als die gekochten Reiskörner) und in kochendem Salzwasser blanchieren, abgießen und sofort in Eiswasser abschrecken. Die Gemüsewürfel mit dem Reis und den Butterflocken mischen.

Anrichten

Das Hühnerfleisch auf vier kleine Schalen verteilen, mit der Sauce begießen, mit gehacktem Koriander bestreuen und zusammen mit dem Gemüsereis servieren.

Tipp

Salzzitronen können Sie auch selber machen. Dazu brauchen Sie 10 unbehandelte Zitronen und 500 g Meersalz. Die Zitronen heiß abwaschen und gut trocken tupfen. Mit einem kleinen Messer nur die Schale längs einschneiden, aber nicht die Frucht durchschneiden. In die Schnitte etwas Meersalz füllen und richtig einmassieren. In ein großes Einmachglas 100 g Salz geben, die Zitronen dicht aufeinanderschichten und dabei immer wieder Meersalz in die Zwischenräume streuen. Die letzten zwei Zitronen auspressen und den Saft über die anderen Zitronen gießen. Das Ganze mit kochendem Wasser auffüllen und gut 4 Wochen marinieren lassen.

Gewürzkaramell-Ente

mit gebackenem Kürbis und Couscous

Für den Kürbis

1 Butternusskürbis
3 Pfefferkörner, schwarz
3 Pimentkörner
1/4 Zimtstange
1 Sternanis
1 TL Korianderkörner
1 Msp. Knoblauch, gehackt
2 TL Madras-Curry
1 unbehandelte Orange, Abrieb
1 EL Vollrohrzucker
1 EL Meersalz
50 g Butter

Für die Gewürzkaramell-Ente

100 g Zucker

100 ml Essig (z.B. weißer Balsamico)
20 g Ingwer, geschält und gerieben
Meersalz
1/2 EL Five-Spice-Gewürzmischung (chinesische Gewürzmischung)
2 Entenbrüste vom Erpel à 180 g
Erdnuss- oder Traubenkernöl zum Braten
schwarzer Pfeffer aus der Mühle

Für den Couscous

250 g Couscous
Muskatnuss, gerieben
Meersalz
etwas Butter
1 Bund Koriander

Zubereitung

Den Ofen auf 180 °C vorheizen. Den Kürbis halbieren, die Kerne entfernen und das Fleisch in kuchenähnliche Stücke schneiden. Die Gewürze in einem Mörser gut zerstoßen und mit Orangenabrieb, Vollrohrzucker und Meersalz vermischen. Die Kürbisstücke auf ein Backblech geben und mit der Gewürzmischung gleichmäßig bestreuen. Die Butter darüber verteilen, mit Alufolie abdecken und im Ofen ca. 35 Minuten backen. Die Kürbisstücke anschließend warm stellen und den Ofen auf 190 °C Umluft/Grill vorheizen.

Für den Gewürzkaramell-Lack den Zucker bei starker Hitze in einem Topf dunkelbraun karamellisieren und mit Essig ablöschen. Den Ingwer, etwas Meersalz und das Five-Spice-Gewürz zugeben. Das Ganze sirupartig einkochen und abkühlen lassen.

Die Entenbrüste in eine beschichtete Pfanne geben und bei großer Hitze auf der Fleischseite 10 Sekunden anbraten. Anschließend auf die Fettseite wenden und so viel Öl zugießen, dass die Fettschicht ganz im Öl liegt. Nun auf mittlerer Hitze so lange braten, bis die Haut knusprig und braun ist. Die Entenbrüste mit der Hautseite nach oben in eine ofenfeste Form setzen, mit Meersalz und Pfeffer würzen und die Haut mit dem Gewürzkaramell-Lack bepinseln. Das Ganze im Ofen auf oberster Schiene 8 Minuten garen, wieder aus dem Ofen nehmen und weitere 2 Minuten ruhen lassen. Die Entenbrüste anschließend dünn aufschneiden.

Den Couscous nach Packungsanleitung garen und anschließend mit Muskat und Meersalz würzen, die Butter dazugeben. Den gehackten Koriander untermischen.

Anrichten

Den Couscous in die Tellermitte geben, die Ente darauf verteilen und die Kürbisstücke dazulegen. Mit dem restlichen Gewürzkaramell-Lack umranden und sofort servieren.

Lammkarree
auf marokkanischen Kartoffeln

Zutaten

Für die Kartoffeln

1 Zwiebel
400 g Kartoffeln, festkochend
200 g Süßkartoffeln
1 TL Chilipulver
1 TL Kurkumapulver
1 TL Kreuzkümmel, fein zerstoßen
3 Kardamomsamen, zerstoßen
4 Strauchtomaten, reif

Für das Fleisch

Erdnussöl zum Braten
1 Knoblauchzehe, geschält
1 Ingwerstück, walnussgroß, geschält
  und gerieben
2 EL Vollrohrzucker
40 ml Fischsauce
500 ml Geflügelbrühe
3 Kafirlimettenblätter (aus dem Asialaden)
2 irische Lammkarrees à 350 g
schwarzer Pfeffer aus der Mühle
einige Thymianstängel
Meersalz, grob

Zubereitung

Die Lammkarrees sauber parieren, dazu mit einem kleinen Messer das überschüssige Fett und die Sehnen entfernen. Den Ofen auf 75 – 80 °C Umluft vorheizen. Das Erdnussöl in einer Pfanne erhitzen und die Lammkarrees darin von allen Seiten anbraten. Dadurch schließen sich die Poren des Fleisches und die typischen Röstaromen entstehen. Die Lammkarrees mit frisch gemahlenem Pfeffer und Thymianstängeln würzen und in ein feuerfestes Geschirr geben. Ein Fleischthermometer längs in die Mitte eines Karrees stechen und das Fleisch im Ofen garen. Wenn es rosa serviert werden soll, sollte die Kerntemperatur 58 – 60 °C betragen. Die Garzeit kann mit der Niedertemperatur-Garmethode (siehe »Kleine Warenkunde«) je nach Größe des Karrees ca. 40 bis 60 Minuten betragen.

Während das Fleisch im Ofen ist, die Zwiebel schälen und in feine Würfel schneiden. Die Kartoffeln und die Süßkartoffeln gut waschen und ungeschält in 1 cm große Würfel schneiden. Die Gewürze miteinander vermischen. Die Strauchtomaten waschen und grob würfeln.

Die Zwiebelwürfel in einer großen Pfanne in etwas Erdnussöl anschwitzen, die Knoblauchzehe, den Ingwer, die Kartoffel- und Süßkartoffelwürfel dazu geben und zusammen mit den Gewürzen, dem Vollrohrzucker und der Fischsauce zwei Minuten anbraten. Dann die Geflügelbrühe und die Kafirlimettenblätter dazugeben. Das Ganze einmal aufkochen und bei mittlerer Hitze ca. 20 Minuten garen.

Anrichten

Die Kartoffeln noch einmal richtig aufkochen, die Strauchtomaten dazugeben und kurz mitkochen lassen. Gegebenenfalls mit Meersalz und Pfeffer abschmecken. Die Lammkarrees portionieren, mit grobem Meersalz würzen und zusammen mit den Kartoffeln servieren.

Parmesan-Thymian-Schnitzel

mit Kartoffelstampf

Für den Kartoffelstampf

1 kg Kartoffeln, mehligkochend
Meersalz
75 g Butter
250 ml süße Sahne
schwarzer Pfeffer aus der Mühle
etwas Muskatnuss, gerieben

Für die Parmesan-Thymian-Schnitzel

4 Kalbsschnitzel à 100 g

200 g Paniermehl
200 g Parmesan, frisch gerieben
3 Stängel Thymian, gezupft
Meersalz
schwarzer Pfeffer aus der Mühle
75 ml Milch
2 Eier aus Freilandhaltung
120 g Mehl Type 550
125 g Butterschmalz

Zubereitung

Für den Kartoffelstampf die Kartoffeln schälen, je nach Größe halbieren oder vierteln und mit kaltem Wasser und 1 TL Salz zum Kochen bringen. Wenn die Kartoffeln gar sind, die Kartoffeln abgießen und gut ausdampfen lassen. Dann die Butter in der Sahne erhitzen. Die Kartoffeln mit einem Kartoffelstampfer zerdrücken und die Butter-Sahne-Mischung dazurühren. Das Ganze mit Meersalz, Pfeffer und frisch geriebener Muskatnuss abschmecken und warm halten.

Die Schnitzel einzeln zwischen zwei Klarsichtfolien legen und plattieren. Das Fleisch mit einem Fleischklopfer oder einem kleinen Stieltopf mit sanftem Druck dünn klopfen. Für die Panade das Paniermehl, den Parmesan und den gezupften Thymian mit etwas Salz und Pfeffer vermischen. In einem zweiten flachen Behälter die Milch mit den Eiern verquirlen. Und in einem dritten Behälter das Mehl bereitstellen.

Die Schnitzel zuerst in das Mehl legen, kurz andrücken und überschüssiges Mehl wieder abklopfen. Danach das Fleisch durch die Eier-Milch-Mischung ziehen und anschließend von beiden Seiten in die Parmesan-Paniermehl-Mischung legen. Dabei darauf achten, dass das ganze Schnitzel gut paniert ist.

In einer beschichteten Pfanne das Butterschmalz erhitzen. Die Schnitzel darin von beiden Seiten goldbraun braten, dabei immer nur ein Schnitzel in die Pfanne legen. Während des Bratens die Pfanne ab und zu leicht schwenken, so entsteht eine wellige, schöne Panade. Die fertigen Schnitzel im Ofen bei 75 °C warm halten.

Anrichten

Den Kartoffelstampf noch mal kräftig durchrühren und zusammen mit den Kalbsschnitzeln servieren.

»Wenn ich Kalbsschnitzel bestelle, dann immer am Stück und ganz mager. Einmal wurden mir die Schnitzel allerdings schon fertig geschnitten angeliefert – und sie waren sehr fettig. Damit habe ich mich nicht in die Herzen der Spieler geschossen.«

Kalbsrückensteak

mit Gemüse-Panaché und Kräuterbutter

Zutaten

Für die Kräuterbutter
1/2 Bund Schnittlauch
1 Stängel Thymian
1 Stängel Rosmarin
1/2 Bund Petersilie
1/2 Bund Estragon
1 Stängel Kerbel
1 Knoblauchzehe
100 g Butter, Zimmertemperatur
Meersalz
schwarzer Pfeffer aus der Mühle

Für die Kalbsrückensteaks
4 Kalbshüftsteaks à 180
etwas Erdnussöl zum Braten

schwarzer Pfeffer aus der Mühle, grob
gemahlen
1/2 Bund Thymian
etwas Butter
Meersalz

Für das Panaché
1 Brokkoli
Meersalz
Eiswasser
1 Kohlrabi
2 Karotten
100 g Butter
1 Stängel Thymian

Zubereitung

Für die Kräuterbutter alle Kräuter waschen und gut trocken tupfen. Den Schnittlauch sehr fein schneiden, die anderen Kräuter von den Stielen befreien und sehr fein hacken. Den Knoblauch schälen und sehr fein hacken. Die weiche Butter mit einem Schneebesen gut aufschlagen und die vorbereiteten Kräuter untermischen. Das Ganze mit Meersalz, Pfeffer und Knoblauch würzen.

Für die Steaks den Backofen auf 75 – 80 °C vorheizen. Die Kalbsrückensteaks mit einem Küchenkrepp trocken tupfen und in einer heißen Pfanne mit wenig Erdnussöl kurz auf allen Seiten anbraten. Sie dann in eine feuerfeste Form legen, mit grob gemahlenem Pfeffer, Thymianstängeln und ein paar Butterflöckchen belegen. Ein Fleisch-Thermometer in eines der Filets stecken und das Fleisch auf mittlerer Schiene im Ofen im Niedertemperaturverfahren kontrolliert zum gewünschten Garpunkt garen (siehe »Kleine Warenkunde«).

Für das Gemüse-Panaché den Brokkoli in kleine Röschen zerteilen und in Salzwasser bissfest kochen. Sie sofort in Eiswasser abschrecken und gut abtropfen lassen. Den Kohlrabi und die Karotte schälen und in 4 cm lange Stifte schneiden. 50 g Butter schmelzen, die Kohlrabi- und Karottenstifte zugeben und mit etwas Wasser bedecken. Sie so lange leise köcheln, bis das Wasser wieder verdampft ist, die Stifte gar schön glasiert sind. Die restliche Butter schmelzen, den Thymian, den Brokkoli, die Kohlrabi- und Karottenstifte dazugeben. Das Gemüse so lange schwenken, bis es schön heiß ist, und mit Meersalz und Pfeffer kräftig würzen.

Anrichten

Das Gemüse-Panaché auf vier Tellern verteilen und die Kalbsrückensteaks darauf legen. Die gekühlte Kräuterbutter mit einem heißen Kaffeelöffel zu Nocken abstechen und dazu servieren.

Kalbfleisch-Stir-Fry

mit Bambussprossen und Duftreis

Zutaten

400 g Kalbschnitzel
3 EL Austernsauce
schwarzer Pfeffer aus der Mühle
150 g Bambussprossen
150 g Blattspinat
Duftreis
2 Kafirlimettenblätter (aus dem Asialaden)

1 Stängel Zitronengras
1 EL Sesamöl
1 EL gelbe Currypaste
2 EL Vollrohrzucker
1 unbehandelte Limone, Saft und
   Schnitze

Zubereitung

Das Kalbfleisch in mundgerechte Stücke schneiden, mit der Austernsauce und frisch gemahlenem Pfeffer 10 Minuten marinieren.

In der Zwischenzeit die Bambussprossen gut abwaschen und abtropfen lassen. Anschließend in sehr feine Streifen schneiden. Den Spinat putzen, waschen und ebenfalls gut abtropfen lassen.

Den Duftreis zusammen mit den Kafirlimettenblättern und dem Zitronengras in einem Reiskocher nach Packungsanweisung kochen und warm halten.

In einem Wok das Sesamöl erhitzen und das Fleisch darin scharf anbraten. Die Currypaste dazugeben und gut untermischen. Dann die Bambusstreifen und den Spinat dazugeben und 2 Minuten braten. Das Ganze mit dem Vollrohrzucker und dem Limonensaft abschmecken.

Anrichten

Das Stir Fry in kleine Schälchen füllen und zusammen mit einem Schnitz Limone und dem Duftreis servieren.

Gegrilltes Rinderfiletsteak

mit Cremepolenta

Zutaten

Für die Rinderfiletsteaks
4 Rinderfilets à 160 g
etwas Erdnussöl zum Braten
schwarzer Pfeffer aus der Mühle, grob
   gemahlen

Für die Cremepolenta
50 g Butter

400 ml Hühnerfond
130 g Polentagrieß
2 EL Parmesan, frisch gerieben
Meersalz
schwarzer Pfeffer aus der Mühle, grob
   gemahlen
einige frische Thymianblättchen
Olivenöl

Zubereitung

Den Ofen oder Dampfgarer auf 75 °C Umluft vorheizen. Das Fleisch waschen, mit einem Küchenkrepp trocken tupfen, mit Erdnussöl einstreichen und mit grob gemahlenem Pfeffer würzen. Eine Pfanne sehr stark erhitzen, die Filetstücke von allen Seiten darin anbraten. Danach in ein feuerfestes Geschirr setzen und in ein Filet ein Fleischthermometer stecken. Die Filets auf mittlerer Schiene im Ofen im Niedertemperaturverfahren kontrolliert und zum gewünschten Garpunkt garen (siehe »Kleine Warenkunde«).
Die Garzeit beträgt bei dieser Methode etwa 30 Minuten (bei 200 °C wäre das Steak schon innerhalb von 8 Minuten medium gegart). Aber es lohnt sich! Durch diese schonende Garmethode bleiben alle Fleischsäfte im Bratgut erhalten und es findet keine Verdampfung statt. Das Fleisch bleibt auf diese Weise unglaublich zart und saftig.
Für die Cremepolenta die Butter in einem Topf braun werden lassen. Mit dem Hühnerfond ablöschen und aufkochen, den Polentagrieß unter ständigem Rühren mit dem Schneebesen einrieseln lassen. Das Ganze etwa 10 Minuten köcheln lassen, bis die Masse breiig ist und die Grießkörner weich sind. Dann den Parmesan unterrühren und die Polenta mit Meersalz, Pfeffer, Olivenöl und einigen Thymianblättchen abschmecken. Ist sie zu fest geraten, einfach noch etwas Flüssigkeit dazugießen.

Anrichten

Die Polenta in die Mitte der Teller verteilen, jeweils 1 Steak darauf legen und mit grobem Meersalz würzen.

Tipp

Das ideale Gericht für Gäste: Es lässt sich wunderbar vorbereiten und verlangt nicht mal nach einer Sauce, da die Cremepolenta schon saftig genug ist. Mit der Niedertemperatur-Garmethode können Sie das Fleisch schon Stunden bevor Ihre Gäste eintreffen braten und in den Ofen schieben. Ist die gewünschte Kerntemperatur erreicht, schalten Sie einfach die Hitze im Ofen herunter. Bei medium gegartem Fleisch wird die Temperatur beispielsweise von 70 °C auf 60 °C reduziert – so kann das Fleisch über Stunden warm gehalten werden, ohne weiterzugaren.
Wer nicht auf seine Figur achten muss, dem empfehle ich, bei der Cremepolenta 1/3 des Hühnerfonds durch Sahne zu ersetzen – köstlich!

Fleischsauce
mit Hörnchennudeln

Zutaten

1 Karotte
1 Zwiebel
1/4 Stange Staudensellerie
1 Stange Lauch
2 Knoblauchzehen
400 g Gehacktes vom Bio-Rindfleisch
   oder Bio-Kalbfleisch
2 EL Bio-Rapsöl

1 EL Tomatenmark
200 ml Rotwein
2 EL Sojasauce
400 ml Fleischbrühe
1 Stängel Thymian
Meersalz
schwarzer Pfeffer aus der Mühle
400 g Hörnchennudeln

Zubereitung

Die Karotte und die Zwiebel schälen und in kleine Würfel schneiden. Den Sellerie und den Lauch waschen und ebenfalls fein würfeln. Den Knoblauch schälen und fein hacken.

Einen Brattopf heiß werden lassen. Das Hackfleisch zusammen mit dem Knoblauch, der Zwiebel und dem übrigen Gemüse sowie dem Rapsöl vermischen und anbraten. Das Tomatenmark dazugeben und kurz mit anrösten. Dann mit dem Rotwein und der Sojasauce ablöschen, etwas einkochen lassen. Nun die Brühe und die Kräuter dazugeben und alles zusammen ca. 20 Minuten leise köcheln lassen, mit Salz und Pfeffer abschmecken.

Anrichten

Die Hörnchennudeln in reichlich Salzwasser bissfest kochen und zusammen mit der Fleischsauce servieren.

Glasiertes Kaninchen

mit Brokkoli und Shii-Take »Bangkok Style«

Zutaten

200 g Shii-Take-Pilze
125 ml Gemüsefond
1 TL Maisstärke
3 EL Sojasauce
2 EL trockener Sherry
1 EL Rohrzucker
Meersalz
250 g Brokkoli
Eiswasser

4 Kaninchenfilets à 80 g
2 EL Erdnussöl
1 TL Ingwer, gerieben
1 EL geröstetes Sesamöl
1 EL Sesam, schwarz/weiß
1 EL Ketchup Manis (süßliche Sojasauce)
3 EL Austernsauce
schwarzer Pfeffer aus der Mühle

Zubereitung

Die Stiele der Shii-Take-Pilze entfernen und die Pilze halbieren, vierteln oder sogar ganz lassen. Den Gemüsefond aufkochen. Die Stärke mit der Sojasauce, dem Sherry, dem Rohrzucker und etwas Meersalz verrühren. Das Ganze in den kochenden Fond mit einem Schneebesen einrühren und einmal aufkochen. Die Pilze darin 10 Minuten leicht simmern lassen.

In der Zwischenzeit den Brokkoli in kleine Röschen teilen, die ungefähr der Größe der Shii-Take-Pilze entsprechen. Den Brokkoli in reichlich Salzwasser bissfest blanchieren, sofort in Eiswasser abschrecken und auf einem Sieb gut abtropfen lassen.

Den Backofen auf 100 °C vorheizen. Die Kaninchenfilets von allen Sehnen befreien, in etwas Erdnussöl in einer Pfanne kurz gleichmäßig anbraten und im Ofen auf mittlerer Schiene in etwa 6 Minuten fertiggaren. Herausnehmen, mit 2 EL der Shii-Take-Soja-sauce bestreichen und warm halten.

Den Ingwer schälen und auf einer Reibe fein reiben. Das Sesamöl mit dem restlichen Erdnussöl in einem Wok erhitzen und den Brokkoli darin anbraten. Die Pilze und die Shii-Take-Sojasauce dazugeben, gut vermischen und mit Ketchup Manis und Austern-sauce abschmecken.

Anrichten

Den Brokkoli zusammen mit der Sauce in kleinen Schalen anrichten und mit Sesam bestreuen. Die Kaninchenfilets mit Pfeffer würzen, schräg aufschneiden, auf dem Brokkoli verteilen und sofort servieren. Dazu kann Duftreis gereicht werden.

»Die asiatische Küche ist bei der Mannschaft sehr beliebt und eine willkommene Abwechslung bei den jungen Spielern.«

Traubenkernmehl-Burger

mit Sprossen und Roter Bete

Zutaten

Für die Burgerbrötchen

375 g gekochte, gepresste Kartoffeln
400 g Mehl, Type 550
200 g Traubenkernmehl (aus dem
  Reformhaus)
30 g Hefe
300 ml Wasser
250 ml Olivenöl extra vergine
Meersalz

Für das Hackfleisch

1 Schalotte
600 g mageres Rinderhackfleisch
1 EL Olivenöl extra vergine
Salz und Pfeffer aus der Mühle

Zum Belegen

2 gekochte Rote Beete,
  in Scheiben geschnitten
einige Salatblätter
2 Tomaten, in Scheiben
  geschnitten
1 Salatgurke, in Scheiben geschnitten
1 Schälchen Sprossen
2 EL Mayonnaise
2 EL Ketchup

Außerdem

Raps- oder Erdnussöl zum Braten

Zubereitung

Für die Burgerbrötchen alle Zutaten miteinander vermengen und 45 Minuten an einem warmen Ort gehen lassen.

Ca. 150 g große Laibe formen und nochmals 30 – 45 Minuten gehen lassen. Anschließend auf einem mit Backpapier ausgelegten Blech bei 190 °C Ober-/Unterhitze 15 Minuten backen.

Die Schalotte schälen, fein würfeln und mit dem Rinderhackfleisch, dem Olivenöl und Salz und Pfeffer vermischen. Daraus vier gleichgroße Fleischbällchen formen, sehr flach drücken und in einer Pfanne mit etwas Öl von beiden Seiten braten. Im Ofen kurz warm halten.

Vor dem Belegen die Burger noch einmal bei 250 °C Umluft etwa 3 Minuten kross aufbacken. Aufschneiden und mit dem Fleisch, der Roten Bete, den Tomatenscheiben, der Salatgurke, den Salatblättern und den Sprossen belegen und mit etwas Mayonnaise und Ketchup bestreichen.

Asiatische Lasagne

mit Spinat und Joghurt-Dip

Zutaten

Für den Joghurt-Dip
1 unbehandelte Zitrone
200 g Naturjoghurt
1 Tl Honig
1/2 Bund frischer Koriander
1/2 Peperoni
etwas Salz und Pfeffer

Für die Lasagne
2 Schalotten
etwas Erdnussöl
600 g Rinderhackfleisch
1 EL Currypulver, mild (z. B. Madras)

1 EL Garam Marsala (typisch indische Gewürzmischung)
1 TL Zimt
500 g passierte Tomaten aus dem Glas oder Tetrapack
450 g Rahmspinat, gehackt und tiefgekühlt
2 EL Mango-Chutney
Meersalz und Pfeffer aus der Mühle zum Abschmecken
Etwas Butter für die Form
1 Packung Lasagneblätter
2 Fleischtomaten in sehr feine Scheiben geschnitten

Zubereitung

Für den Joghurt-Dip die Schale der Zitrone abreiben und die Zitrone auspressen. Die Hälfte des Saftes, den Abrieb und den Honig in den Joghurt rühren. Den Koriander abzupfen, fein hacken und unterrühren. Die Peperoni waschen, entkernen und fein würfeln. Mit Salz und Pfeffer abschmecken und kalt stellen.

Für die Lasagne die Schalotten schälen und in feine Würfel schneiden. Einen Topf oder eine Pfanne mit hohem Rand bei mittlerer Hitze auf den Herd stellen. Das Erdnussöl in die Pfanne geben, die Schalotten darin glasig dünsten, das Hackfleisch hinzugeben und leicht bräunen. Den Curry, das Garam Marsala und den Zimt dazu geben und solange mit rösten, bis ein intensiver Geruch entsteht. Vorsicht, nicht zu heiß werden lassen, da die Gewürze sonst verbrennen!

Die passierten Tomaten, den noch gefrorenen Spinat und das Mango-Chutney hinzufügen. Mit Salz und Pfeffer würzen und 10–15 Minuten leise köcheln lassen.

Den Ofen auf 180 °C vorheizen.

Eine ofenfeste Lasagne-Form mit Butter ausstreichen und abwechselnd die Asia-Bolognese und die Nudelplatten einschichten. Nach zwei Lagen eine Schicht Tomatenscheiben darauflegen und im Wechsel weiter schichten, bis die Form voll ist. Auf die oberste Hackfleischschicht zum Abschluss Tomatenscheiben legen.

In den Ofen schieben und etwa 20 Minuten garen. Sollte die oberste Schicht zu sehr bräunen, einfach mit Alufolie abdecken.

Anrichten

Die Lasagne auf einem Teller anrichten und den Joghurt-Dip dazu reichen.

FISCH

Gerösteter schottischer Lachs

mit Apfel, Rettich und Olive

Zutaten

300 g schottisches Lachsfilet,
  Top-Qualität
1 EL Traubenkernöl
2 EL grüner Apfel, fein gerieben
2 EL Rettich, fein gerieben
2 TL Sesamöl
Meersalz
schwarzer Pfeffer aus der Mühle

1 TL Limonensaft
1 TL Sojasauce
1 TL Mirin, japanischer Reiswein
1 TL schwarze Olivenpaste
etwas schwarze Sesamkörner
Shiso-Blätter, in feine Streifen
  geschnitten (im Asialaden erhältlich)

Zubereitung

Das Lachsfilet in einer vorgeheizten, beschichteten Pfanne in etwas Traubenkernöl auf allen Seiten kurz anbraten, damit sich die äußeren Poren verschließen und weiß verfärben. Anschließend das Filet aus der Pfanne nehmen und in ca. 0,5 cm dünne Scheiben schneiden.

Den geriebenen Apfel und Rettich mit dem Sesamöl, Meersalz, Pfeffer und dem Limonensaft gut vermengen und abschmecken.

Anrichten

Die Lachsscheiben auf die Teller verteilen. Die Sojasauce mit dem Mirin verrühren und mit einem Löffel über den Fisch geben.

Die Apfel-Rettich-Mischung neben den Lachs anrichten. Die Olivenpaste mit zwei Kaffeelöffeln zu kleinen Nocken abstechen und alles mit den Sesamkörnern und den Shisostreifen garnieren. Dazu die Soja-Mirin-Sauce in einem Schälchen servieren.

Gegrillter Thunfisch

mit Baby-Leaf-Salaten und Avocadowürfeln

Zutaten

Für den Baby-Leaf-Salat

200 g Baby-Leaf-Salatmischung (Pak
   Soy, Rote-Bete-Blätter, Radicchio,
   Lollo Rosso, Babyspinat etc.)
20 ml Mirin, japanischer Reiswein
30 ml Reisweinessig
100 ml Olivenöl extra vergine
Meersalz
schwarzer Pfeffer aus der Mühle

Für die Avocadowürfel

1 Avocado
1 Spritzer Limonensaft

Für den Thunfisch

1 Bund Petersilie
1 Bund Koriander
200 g Thunfischfilet
etwas Rapsöl
grobes Meersalz

Zubereitung

Für den Salat die Salatblätter waschen und in einer Salatschleuder trocken schleudern. Für das Dressing den Reiswein mit dem Essig, dem Olivenöl, Meersalz und Pfeffer gut verrühren.

Die Avocado schälen, in 1 cm große Stücke schneiden und mit einem Spritzer Limonensaft marinieren.

Für den Thunfisch die Petersilie und den Koriander waschen, Blätter abzupfen und fein hacken. Das Thunfischfilet in gleichmäßige Stücke (etwa 10 cm lang und 3 x 3 cm breit und hoch) schneiden. Eine Teflonpfanne sehr heiß erhitzen. Die Filetstücke darin auf jeder Seite ca. 30 Sekunden ohne Fett trocken grillen. Anschließend aus der Pfanne nehmen, mit etwas Öl bepinseln und in den gehackten Kräutern wälzen.

Anrichten

Den Salat mit der Marinade vermischen, auf vier Tellern anrichten und die Avocadowürfel darüber verteilen. Den Thunfisch in Scheiben schneiden, dazulegen und mit etwas grobem Meersalz würzen.

Erbsen-Fenchel-Sauté

mit gebratenen Jakobsmuscheln

Zutaten

1/2 Knolle Fenchel
1 Galgantstück (oder Ingwer), etwa
  walnussgroß
2 – 3 EL Rapsöl
1 Knoblauchzehe, angedrückt
Meersalz
1 unbehandelte Orange, Abrieb und Saft
1 Tasse Mirin (asiatischer Süßwein)

1 Karotte, in feine Streifen geschnitten
100 g Tiefkühlerbsen
schwarzer Pfeffer aus der Mühle
8 Jakobsmuscheln, küchenfertig
  vorbereitet
2 EL frische Minzeblätter
etwas kalte Butter
Murray River Sea Salt

Zubereitung

Den Fenchel halbieren, von Strunk und Grün befreien und in 5 mm dünne Streifen schneiden. Das Fenchelgrün hacken und aufbewahren.

Den Galgant schälen und auf einer Reibe reiben. In einem Stieltopf etwas Rapsöl erhitzen, die Fenchelstreifen zugeben, die geriebene Galgantwurzel und die angedrückte Knoblauchzehe darin anschwitzen. Anschließend mit etwas Meersalz würzen und gut schwenken. Mit Orangensaft, Abrieb und Mirin ablöschen und bei großer Hitze auf die Hälfte einkochen.

Die Kartoffeln schälen und in Stifte schneiden. Die Tiefkühlerbsen und die Karottenstifte zugeben und weitere 2 Minuten kochen lassen. Mit Meersalz und Pfeffer abschmecken und zur Seite stellen.

Eine beschichtete Pfanne erhitzen. Die Jakobsmuscheln mit einem Küchenkrepp trocken tupfen und je 1 Minute auf jeder Seite mit sehr wenig Rapsöl braten.

Anrichten

Das Fenchel-Erbsen-Sauté nochmals aufkochen, die Knoblauchzehe herausnehmen und das Sauté mit etwas kalter Butter binden. Das Fenchelgrün und die Minze dazugeben und alles in vorgewärmte, tiefe Teller verteilen. Die Jakobsmuscheln darauf legen und mit dem Murray River Sea Salt bestreuen.

Tipp

Zum feinen Geschmack der Jakobsmuschel sollte man auch ein feines Salz verwenden. Da eignet sich das milde Murray River Sea Salt hervorragend.

»Wenn man jemanden dazu bringen will, etwas Neues zu probieren, serviert man am Besten Mini-Portionen. Eine Riesenschüssel erzeugt nur Ablehnung. Bei Erwachsenen kommt oft auch Unsicherheit dazu. Wie esse ich das? Muss ich da die Sauce darüber geben oder daneben oder ... Deshalb gibt es bei mir Neues immer fertig angerichtet in kleinen Probierschüsseln. Das sieht nicht nur super aus sondern nimmt auch die Hemmschwelle. Und sollte es am Ende doch nicht schmecken, muss niemand das schlechte Gefühl haben, einen vollen Teller stehen zu lassen.«

Gegrillte Jakobsmuscheln

mit Curry-Nudeln

Zutaten

12 Jakobsmuscheln
250 g Engelshaar-Pasta (sehr feine,
    lange Nudeln)
etwas Erdnussöl
2 EL Madras-Currypulver
1/2 TL Kurkumapulver

1 TL Vollrohrzucker
2 EL Sojasauce
250 ml Kokosmilch
1 Limone, Saft
Meersalz
schwarzer Pfeffer aus der Mühle

Zubereitung

Die Jakobsmuscheln aufbrechen und das Innere lösen. Die Muschel von den Därmen und dem Corail (orangefarbener Rogen) befreien und den Muskel entfernen. Das Muschelfleisch kurz abspülen und trocken tupfen.

Die Engelshaar-Pasta nach Packungsanleitung »al dente« kochen, abgießen und kurz abschrecken. Dann zur Seite stellen.

Für die Sauce sehr wenig Öl in einem Topf erwärmen, das Curry- und das Kurkumapulver darin anschwitzen, um das Aroma zu verstärken. Den Vollrohrzucker dazugeben, das Ganze mit der Sojasauce, der Kokosmilch und dem Saft der Limone ablöschen und ca. 5 Minuten köcheln lassen.

Für die Jakobsmuscheln eine Teflonpfanne sehr stark erhitzen. Die Muscheln mit einigen Tropfen Öl einreiben und in der Pfanne so grillen, dass sich eine richtig braune Kruste bildet. Die Muscheln wenden und nur noch kurz von der anderen Seite braten.

Anrichten

Die Sauce aufkochen, die Pasta dazugeben und sofort anrichten. Die gegrillten Jakobsmuscheln noch salzen und pfeffern und dazu servieren.

Tipp

Die Jakobsmuscheln dürfen nicht zu lange gebraten werden und sollten auf keinen Fall in der austretenden Flüssigkeit zu kochen beginnen – dann werden sie sehr schnell zäh. Auch dürfen sie erst kurz vor dem Servieren gesalzen werden.

Das Currypulver nach dem Rezept der südindischen Stadt Madras (heute: Chennai) und deren Umgebung ist meist fruchtig-mild. Curry aus Madras ist sehr voll im Aroma und würzt daher besonders rund ab.

»Jakobsmuscheln sind zwar ein Luxus-Lebensmittel, aber diesen Luxus sollten Sie sich von Zeit zu Zeit gönnen. Und für die Kids: Wer später mal international spielen will, der muss auch seinen Gaumen darauf vorbereiten! Ihr werdet es lieben.«

Weißer Heilbutt

mit Oliven-Krokant-Kruste auf gedämpftem Spinat und Orangen-Pfeffer-Butter

Zutaten

Für die Oliven-Krokant-Kruste
40 g Zucker
50 g Mandeln, ganz, geschält
20 g Oliven, schwarz, getrocknet
50 g Butter, Zimmertemperatur
1 Stängel Thymian, fein gehackt
weißer Pfeffer aus der Mühle

Für die Orangen-Pfeffer-Sauce
1/2 EL rosa Pfeffer
300 ml Orangensaft
150 ml Krustentierfond
2 Knoblauchzehen, zerdrückt
1 TL Koriandersamen, zerdrückt
2 Stängel Thymian

70 g kalte Butter
Meersalz, weißer Pfeffer aus der Mühle

Für den Spinat
200 g Babyspinat, geputzt und gewaschen
etwas Butter
Meersalz
etwas Muskat, gerieben

Für den Heilbutt
Erdnussöl zum Grillen
400 g weißer Heilbutt

Außerdem
Fleur de Sel de Guérande

Zubereitung

Für die Kruste den Zucker karamellisieren. Die Mandeln zugeben und mit einem Holzlöffel im Karamell so verrühren, dass sie komplett von ihm umhüllt sind. Danach auf ein Backpapier geben und auskühlen lassen. Sobald der Mandelkrokant erkaltet ist, fein stoßen oder hacken. Nun die Oliven fein hacken. Die Butter schaumig schlagen. Den feinen Mandelkrokant, die Oliven, den Thymian und etwas Pfeffer dazugeben und alles zu einer glatten Masse rühren. Auf einer Klarsichtfolie zu einer Rolle mit ca. 4 cm Durchmesser formen, sehr kalt stellen oder einfrieren. Wenn sie ganz kalt ist, lässt sie sich gut in hauchdünne Scheiben schneiden.

Für die Orangen-Pfeffer-Sauce den rosa Pfeffer in einem Sieb zerreiben und dabei die aus dem Sieb rieselnden Schalen auffangen. Nur diese werden zum Schluss für die fertige Sauce verwendet. Danach den Orangensaft zusammen mit dem Krustentierfond, dem Knoblauch, den Koriandersamen, den im Sieb verbliebenen rosa Pfefferkörnern und den Thymianstängeln auf 100 ml einkochen. Anschließend die Reduktion durch ein feines Sieb in eine Stilkasserolle geben, die aufgefangenen Pfefferschalen und die Butter dazugeben und alles mit einem Stabmixer zu einer feinen, gebundenen Buttersauce mixen. Mit Meersalz und weißem Pfeffer nachwürzen.

Den Spinat putzen und waschen. Die Butter in einer Pfanne schmelzen, den Spinat zugeben und mehrmals wenden, bis er zusammenfällt. Mit Salz und Muskat gut abschmecken.

Für den Heilbutt den Ofen auf Umluft/Grill, höchste Stufe, vorheizen und eine beschichtete Pfanne sehr stark erhitzen. Den Fisch in der Zwischenzeit mit etwas Erdnussöl einreiben und anschließend in der Pfanne 1 bis 2 Minuten auf beiden Seiten goldbraun grillen. Ihn dabei nicht salzen, nicht zu häufig wenden oder vom Feuer nehmen. Die Fischfilets auf ein Backblech legen und mit dünnen Scheiben Oliven-Krokant-Kruste belegen. Nun den Fisch auf der obersten Schiene ca. 3 Minuten gratinieren, bis die Kruste goldbraun ist. Ihn danach sofort aus dem Ofen nehmen.

Anrichten

Den Spinat in eine vorgeheizte Schale geben, den Heilbutt darauf betten und mit etwas Fleur de Sel de Guérande bestreuen. Die Orangen-Pfeffer-Sauce noch einmal gut aufmixen und zum Fisch reichen.

Tipp

Die Oliven-Krokant-Kruste passt auch zu Fleisch oder Geflügel hervorragend. Bereiten Sie am besten gleich eine größere Menge davon zu und frieren Sie sie gut verschlossen ein. So haben Sie sie beim nächsten Ma(h)l schon fertig und sparen Zeit. Sie werden sehen, das Gericht macht richtig süchtig und schmeckt auch Kindern, obwohl Oliven enthalten sind. Vielleicht verraten Sie das Ihren Kleinen erst nach dem Essen?

Ganzer Loup de Mer

mit Fenchel-Kartoffel-Gemüse

Zutaten

2 Fenchelknollen
50 g Vollrohrzucker
200 ml Brühe
700 g kleine Kartoffeln
100 ml Olivenöl
Meersalz

2 Lorbeerblätter
3 Knoblauchzehen, angedrückt
2 Loups de Mer à 700 g, ganz und
  geschuppt
1 unbehandelte Zitrone
schwarzer Pfeffer aus der Mühle

Zubereitung

Den Backofen auf 180 °C vorheizen. Den Fenchel putzen und in 0,5 cm dicke Streifen schneiden. Das Fenchelgrün für die Fischfüllung aufbewahren. Den Vollrohrzucker zu einem hellen Karamell schmelzen, die Fenchelstreifen dazugeben und mit der Brühe ablöschen. Den Fenchel so lange kochen, bis er weich gedünstet ist.

Die Kartoffeln gründlich waschen und gut abtropfen. Danach mit der Schale vierteln und in einer Schüssel mit 50 ml Olivenöl und etwas Meersalz vermischen. Die Kartoffeln auf ein Backblech oder ein flaches, für den Backofen geeignetes Geschirr geben. Die Lorbeerblätter und 1 Knoblauchzehe dazulegen und alles für 20 Minuten in den Ofen schieben.

Die beiden Fische mit Olivenöl und etwas Meersalz einreiben. Die Zitrone achteln und zusammen mit dem Fenchelgrün und etwas Meersalz, frisch gemahlenem Pfeffer und den Knoblauchzehen in die Fischbäuche stecken. Ein Backblech mit Backpapier auslegen, die Fische darauf legen und sie im Ofen je nach Größe etwa 22 bis 25 Minuten garen (pro Kilogramm Fisch rechnet man ca. 35 Minuten).

Anrichten

Die Kartoffeln mit dem Fenchel vermischen und auf einer großen Platte anrichten. Die Loups de Mer darauf legen.

Für unsere Nationalspieler filetiere ich natürlich den Fisch, um sie vor den Gräten zu schützen. Wenn man einen ganzen Fisch serviert, ist jedoch das Esserlebnis größer und authentischer.

Tipp

Beim Einkaufen lässt sich die Frische der Fische an ganzen Exemplaren deutlicher erkennen. Sehr gute Frischemerkmale sind hellrote Kiemen, klare und durchsichtige Augen, zudem sollten die Schuppen festsitzen und glatt sein und die Haut sollte glänzen. Wenn man mit dem Finger auf das Fleisch drückt, darf keine Mulde zurückbleiben. Ein weiteres deutliches Zeichen ist natürlich der Geruch: Frischer Fisch riecht nicht nach Fisch, sondern nach dem Gewässer, aus dem er stammt.

Sushi

Let's roll!

Für den Sushi-Reis
250 g Sushi-Reis
2 EL Reisessig
1 EL Zucker
1 TL Meersalz

Für die Maki-Rollen (rechts oben)
100 g Thunfisch in Sushi-Qualität
100 g Wildlachs
1 Salatgurke
Noriblätter

Für die Nigiri (rechts unten)
50 g Wildlachs
50 g Schwertfisch
Wasabipaste
2 Stangen Surimi (gepresstes Krebs-
  fleisch)
Noriblätter

**Für die California Rolls inside out
(unten links)**
50 g Wildlachs
50 g Thunfisch in Sushi-Qualität
1 Avocado
etwas Zitronensaft
2 Stangen Surimi
Noriblätter
50 g Tobikko-Kaviar (Fliegenfisch-Kaviar)
Sesam, weiß und schwarz

Außerdem
eingelegter Ingwer
Sojasauce

Zubereitung

Den Sushi-Reis in einem Sieb unter kaltem Wasser so lange abspülen, bis das Wasser klar wird. Den Reis anschließend gut abtropfen lassen. Mit 300 ml kaltem Wasser aufkochen, 2 Minuten kochen lassen, dann die Hitze etwas reduzieren. Den Reis im geschlossenen Topf bei geringer Hitze 10 Minuten quellen lassen. Danach ein Küchenhandtuch zwischen Topf und Deckel legen und den Reis noch 10 Minuten ausdämpfen lassen.

In der Zwischenzeit den Reisessig zusammen mit dem Zucker und dem Salz aufkochen und so lange rühren, bis der Zucker und das Salz vollständig aufgelöst sind. Die Mischung danach abkühlen lassen.

Den Reis in eine Holz- oder Glasschüssel (keine Metallschüssel) füllen, die Essigmischung darüber verteilen und mit einem Holzlöffel vorsichtig untermischen. Die Reiskörner sollen dabei nicht gebrochen werden. Den Reis zufächern, bis er abgekühlt ist und glänzt, nicht in den Kühlschrank stellen! Bis zur weiteren Verwendung mit einem feuchten Tuch abdecken.

Für die **Maki-Rollen** den Fisch und die Gurke in lange, gleichmäßige Streifen (etwa 1 cm x 15 cm) schneiden. Ein Noriblatt auf eine Bambusmatte legen und den Klebereis so dünn darauf verteilen, dass ca. 3/4 des Blattes mit Reis bedeckt ist. In die Mitte einen Thunfisch-, Lachs- oder Gurkenstreifen legen. Anschließend die Bambusmatte fest einrollen, dabei darauf achten, dass die Einlage vom Reis fest umschlossen ist. Das überstehende Noriblatt mit etwas Wasser bestreichen und an die Rolle drücken, um sie ganz zu verschließen. Aus je 1 Maki-Rolle 6 Stücke schneiden.

Bei den Füllungen gibt es keine Vorschriften: Sie können alles verwenden, was Ihnen schmeckt, etwa Avocado, Zuckerschote, Rettich, Karotte, Omelette oder Shii-Take-Pilz. Natürlich kann man auch mehrere Füllungen in eine Rolle legen. Dabei muss man jedoch darauf achten, dass nicht zu viele Zutaten auf einmal in eine Rolle gegeben werden, damit sie sich immer noch schließen lässt und nicht zu groß wird. Mundgerechte Stücke sind das Stichwort!

Für die **Nigiri** mit angefeuchteten Händen längliche Reisbällchen aus etwa 1 EL Reis formen.

Den Fisch schräg zur Faser in dünne Scheiben (4 cm x 2 cm), die Surimi-Stäbe in 4 cm große Stücke schneiden. Die einzelnen Stücke an der Unterseite sehr dünn mit Wasabipaste bestreichen, mit der Wasabi-Seite auf den Reis legen und andrücken. Danach mit einem dünnen Streifen Nori umwickeln, die Enden mit Wasser bepinseln und festkleben.

Auch hier sind der Fantasie keine Grenzen gesetzt: Probieren Sie mal rohe Jakobsmuscheln, Thunfisch, blanchierte Riesengarnelen, Surimi, eingelegten Aal oder Makrele.

Wenn Sie einmal lernen möchten, wie man professionell Sushi zubereitet, empfehle ich Ihnen einen Sushi-Kurs bei meinem Freund Josef Peter.

Für die **California Roll inside out** die Fischfilets wieder in dünne, lange Streifen (1 cm x 15 cm) schneiden. Die Avocado schälen, der Länge nach in breite Streifen schneiden und mit etwas Zitronensaft beträufeln.

Die Bambusmatte mit Klarsichtfolie komplett umwickeln und ein Noriblatt mit der glatten Seite nach unten darauf legen. Dünn mit Reis belegen, das Noriblatt so umdrehen, dass der Reis auf der Folie liegt. Mit der Avocado, dem jeweiligen Fisch, evtl. auch mit Mayonnaise oder Frischkäse (sogar Kresse oder Salate eignen sich) füllen. Dabei nicht zu viele Zutaten verwenden, damit die Rolle nicht zu groß wird. Dann die Bambusmatte eng einrollen und gut festdrücken. Zum Schluss die Rolle in Tobbikko-Kaviar, schwarzem oder weißem Sesam wälzen und in 6 bis 8 Stücke schneiden.

Dazu reicht man Wasabipaste, eingelegten Ingwer und Sojasauce.

Schwertfischsteak

mit Sellerie-Chinakohl-Salat

Für den Sellerie-Chinakohl-Salat

1 Chinakohl
100 g Zuckerschoten
2 Frühlingszwiebeln
2 Stangen Staudensellerie
1 Peperoni
1 EL Sesamöl
100 ml Sojasauce
20 ml Aceto Balsamico
3 EL Vollrohrzucker
3 unbehandelte Limonen,
   Saft und Abrieb

Für das Schwertfischsteak

4 Schwertfischsteaks
Meersalz, grob
schwarzer Pfeffer aus der Mühle
1 unbehandelte Limone, Abrieb
Olivenöl extra vergine
1 EL Sesam, schwarz und weiß

Zubereitung

Für den Salat den Chinakohl in feine Streifen schneiden, waschen und trocken schleudern. Das restliche Gemüse waschen, die Zuckerschoten in dünne Steifen, die Frühlingszwiebeln und den Sellerie in gleichmäßige Stäbchen (4 cm x 0,5 cm) schneiden. Alles miteinander vermischen.

Für das Dressing die Peperoni entkernen und in feine Würfel schneiden. Diese mit dem Sesamöl, der Sojasauce, dem Essig und dem Vollrohrzucker vermischen, den Saft und Abrieb der Limonen dazugeben.

Die Schwertfischsteaks in einer Teflonpfanne oder einer Grillpfanne sehr heiß von beiden Seiten etwa 1 Minute anbraten.

Anrichten

Den Salat mit dem Dressing marinieren und auf vier Tellern anrichten. Den Schwertfisch mit grobem Meersalz und frisch gemahlenem Pfeffer würzen. Limonenabrieb darübergeben und mit etwas gutem Olivenöl extra vergine beträufeln. Den Sesam darüberstreuen und servieren.

Seeteufelbäckchen
mit Soba-Nudeln

Zutaten

Für die Soba-Nudeln

250 g Soba-Nudeln (japanische Buchweizennudeln)
2 EL Salz (für das Kochwassr
  der Nudeln)
150 g Shii-Take-Pilze
1 Bund Frühlingslauch
1 Peperoni
1 Stck. Ingwerstück
2 EL Mandelstifte
2 EL Sesamöl
20 ml Sherry dry
2 EL Sojasauce

1 Limette, Saft
Meersalz
schwarzer Pfeffer aus der Mühle

Für die Seeteufelbäckchen

8 Seeteufelbäckchen
schwarzer Pfeffer aus der Mühle
3 EL Erdnussöl

Außerdem

1 Bund Koriander, gehackt
Meersalz, grob

Zubereitung

Für die Soba-Nudeln die Nudeln nach Packungsanleitung in Salzwasser kochen, abgießen und dann beiseite stellen. Die Stiele der Shii-Take-Pilze entfernen und die Hüte in kleine Ecken schneiden. Den Frühlingslauch putzen und in schräge Stücke schneiden. Die Peperoni waschen, entkernen und in feine Würfel schneiden. Den Ingwer schälen und ebenfalls klein würfeln. Die Mandeln kurz in einer trockenen Pfanne anrösten.

Für die Seeteufelbäckchen den Ofen auf 100 °C vorheizen. Den Fisch sauber parieren, d. h. die Haut vollständig abziehen, danach mit Küchenkrepp trocken tupfen, mit Pfeffer würzen und in etwas Erdnussöl in einer beschichteten Pfanne kurz scharf von beiden Seiten anbraten. Die Bäckchen aus der Pfanne nehmen und in ein feuerfestes Gefäß setzen. Den Fisch dann im Ofen fertig garen.

In der Zwischenzeit das Sesamöl in einem Wok erhitzen. Den Ingwer, die Peperoni, den Frühlingslauch und die Shii-Take-Pilze darin anbraten und mit dem Sherry und der Sojasauce ablöschen. Die Nudeln und die Mandeln dazugeben, einmal durchschwenken und mit Limettensaft, Meersalz und Pfeffer abschmecken.

Anrichten

Die Nudeln und das Gemüse auf vier Schalen verteilen, die Seeteufelbäckchen dazu-legen, mit etwas gehacktem Koriander und grobem Meersalz bestreuen.

Tipp

Soba sind dünne braun-graue gekochte Nudeln aus Buchweizen und sind ein unver-zichtbarer Bestandteil der japanischen Küche. Buchweizen enthält überdurchschnitt-lich viel Eisen und Phosphor. Darüber hinaus ist das Buchweizenkorn von Natur aus frei von Gluten und daher bestens für Allergiker geeignet.

Kabeljau

mit Curry-Senf-Kruste auf Schnippelbohnen und Zuckertomaten

Zutaten

Für den Kabeljau

100 g Butter, Zimmertemperatur
1 TL Currypulver
1 TL Senfpulver
1 TL grober Senf
1 EL Mie de Pain (weiche Brotkrume –
   siehe Tipp)
400 g Kabeljaufilet
2 EL Rapsöl für das Blech

Für die Bohnen und Tomaten

150 g Schnibbelbohnen (grüne Bohnen)
Meersalz
Eiswasser
20 Cocktailtomaten
100 g Vollrohrzucker
1 Stängel Thymian
1 Knoblauchzehe, angedrückt
50 g Butter
etwas Gemüsebrühe
schwarzer Pfeffer aus der Mühle

Zubereitung

Für die Curry-Senf-Kruste die Butter schaumig schlagen, das Currypulver, das Senf-pulver, den Senf und das Mie de Pain dazugeben und so lange rühren, bis die Butter gleichmäßig gelb ist. Ein Stück Klarsichtfolie ausbreiten, die Butter daraufgeben und eine Rolle (ca. 4 cm Durchmesser) formen. Die Rolle einfrieren.

Für die Bohnen die Schnibbelbohnen in 2 cm große Stücke schneiden, in kochendem Salzwasser (ca. 1 Minute) blanchieren und in Eiswasser sofort wieder abkühlen.

Für die Zuckertomaten die Tomaten ebenfalls kurz blanchieren und ebenfalls in Eis-wasser abschrecken. Die Haut abziehen und die Tomaten in ein feuerfestes Gefäß geben. Den Zucker in einem kleinen Topf mit wenig Wasser bedecken (ähnlich wie nasser Sand) und etwa 1 Minute sprudelnd kochen lassen. Den Zucker anschließend über die Tomaten gießen. Den Thymian und die Knoblauchzehe dazugeben und alles bei 80 °C ca. 30 Minuten im Ofen garen.

Danach den Grill im Ofen auf höchster Stufe vorheizen. Den Kabeljau in vier gleich gro-ße Stücke portionieren und auf ein mit Öl bestrichenes Blech setzen. Die Fischstücke mit dünnen Scheiben der Curry-Senf-Butter (ca. 0,25 cm) belegen und unter dem Grill im Ofen goldbraun gratinieren.

Die Schnibbelbohnen in der Butter anschwitzen, mit Brühe ablöschen und kurz kochen lassen. Die Tomaten dazugeben und alles mit Meersalz und frisch gemahlenem Pfef-fer kräftig abschmecken.

Anrichten

Die Schnibbelbohnen und die Tomaten in die Mitte des Tellers geben und den Fisch daraufsetzen. Die verbliebene Butterbrühe der Bohnen kann als Sauce verwendet wer-den.

Tipp

Als Mie de Pain wird fein geriebenes frisches Weißbrot oder Toastbrot ohne Kruste bezeichnet, das auch zum Panieren verwendet werden kann. Zur Herstellung einfach den Rand abschneiden, das Brot grob würfeln und anschließend in einem Mixer zer-kleinern.

Gedämpfter Tagesfisch

auf Sesam-Glasnudeln und Wok-Gemüse mit Five-Spice-Creme

Zutaten

Wokgemüse

100 g Zuckerschoten
1 rote Paprikaschote
100 g Champignons
2 kleine Karotten
3 Stangen Frühlingszwiebeln
1 Peperoni
1/2 Knoblauchzehe
1 Stück Ingwer, walnussgroß
2 EL Erdnussöl
50 g Sojabohnensprossen
1 EL Honig
50 ml Sojasauce
1/2 unbehandelte Limone, Abrieb
1 Prise Meersalz
schwarzer Pfeffer aus der Mühle

Sesam-Glasnudeln

250 g Glasnudeln
2 EL weißer Sesam
1 TL Sesamöl

Für die Five-Spice-Creme

2 Eigelbe
1 TL Five-Spice-Gewürzpulver (chinesische Gewürzmischung)
Meersalz
200 ml Traubenkernöl
1 Spritzer Zitronensaft
schwarzer Pfeffer aus der Mühle

Für den Tagesfisch

400 g frisches Fischfilet (z.B. Heilbutt, Kabeljau, Rotbarsch)
Meersalz
schwarzer Pfeffer aus der Mühle
1 Lorbeerblatt
2 Stängel Thymian
etwas Butter
einige frische Korianderblätter

Zubereitung

Für das Gemüse die Zuckerschoten abspülen und in feine Streifen schneiden. Die Paprikaschote putzen, vierteln, schälen und ebenfalls in Streifen schneiden. Die Champignons mit einem weichen Geschirrtuch abreiben, die Stielenden kurz abschneiden und die Pilze vierteln. Die Karotten schälen und in feine Scheiben schneiden. Die Frühlingszwiebeln putzen, abspülen und in Ringe schneiden. Die Peperoni längs aufschlitzen, entkernen, abspülen und fein hacken. Den Knoblauch und den Ingwer schälen und ebenfalls hacken.

Für die Sesam-Glasnudeln die Glasnudeln in kaltem Wasser einweichen und nach Packungsanweisung kochen, abgießen, abschrecken und in einem Sieb beiseite stellen. Für die Five-Spice-Creme die Eigelbe zusammen mit dem Five-Spice-Gewürzpulver und dem Meersalz mit einem Schneebesen verrühren. Dabei das Öl erst tröpfchenweise, dann etwas schneller unter ständigem Rühren einfließen lassen, bis eine dickliche Creme entsteht. Diese mit Zitronensaft und Pfeffer abschmecken.

Inzwischen das Erdnussöl in einem großen Wok oder einer tiefen Pfanne erhitzen und den Knoblauch darin anbraten. Das vorbereitete Gemüse sowie die Peperoni, die Sojasprossen und den Ingwer dazugeben und ca. 5 Minuten braten. Nun die Glasnudeln, Honig, Sojasauce und Limonenschale unterrühren. Das Ganze mit Meersalz und Pfeffer abschmecken und mit Sesam und Sesamöl verfeinern.

Den Tagesfisch würzen. In einem Topf etwas Wasser zusammen mit dem Lorbeer und dem Thymian zum Kochen bringen. Den Fisch in einen gebutterten Bambusdampfkorb legen, diesen mit einem Deckel verschließen und über den Topf stellen. Den Fisch darin bei starker Hitze etwa 4 bis 6 Minuten dämpfen.

Anrichten

Das Wok-Nudel-Gemüse in Schalen geben, den gedämpften Fisch darauf anrichten, mit klein gezupften Korianderblättchen bestreuen und die Gewürzcreme dazu servieren.

Tipp

Die Five-Spice-Gewürzmischung ist eine chinesische Erfindung. Sie besteht aus fünf Gewürzen, die in einem feststehenden Mischungsverhältnis vermengt werden: je 1 Teil Sternanis und Szechuanpfeffer, je 1/2 Teil Gewürznelke und Kassia (chinesischer Zimt) und ein 1/4 Teil Fenchel. Sie finden diese Mischung in jedem Gewürzladen oder im Stromberg-Shop gemahlen, man kann sie aber auch selbst aus den einzelnen, noch nicht gemahlenen Zutaten herstellen.

Phat Thai
Genuss pur!

Zutaten

250 g getrocknete dünne Reisnudeln
1 EL Palmzucker
1 EL weißer Zucker
1 EL Tamarindenwasser (im Asialaden erhältlich)
2 EL Fischsauce
1/2 Stange Lauch
100 g weißer Rettich
1 Karotte
2 Schalotten

1 Peperoni
12 Riesengarnelen
1 EL Erdnussöl
1 Ei aus Freilandhaltung
50 g fester Tofu, in 0,5 cm große Würfel geschnitten und frittiert
100 g Sojabohnensprossen
1 EL Erdnüsse, geröstet und zerstoßen
Limettenschnitze
1 TL geröstetes Chilipulver extra

Zubereitung

Die Nudeln zwei Stunden in Wasser einweichen und danach abgießen.
Den Palmzucker und den weißen Zucker zusammen mit dem Tamarindenwasser und der Fischsauce 2 Minuten kochen, sodass der Zucker vollständig aufgelöst ist.
Den Lauch putzen, waschen und in Streifen schneiden. Einige Streifen für die Garnitur aufheben. Den Rettich und die Karotte schälen und in feine Streifen schneiden. Die Schalotten schälen und fein hacken. Die Peperoni längs halbieren, die Kerne entfernen und in feine Würfel schneiden. Die Riesengarnelen schälen und vom Darm befreien.
Das Öl bei mittlerer Hitze im Wok erhitzen und die Schalotten anbraten, bis sie duften und Farbe bekommen. Das Ei in einer Schüssel kurz verquirlen und dazugeben. Die Temperatur reduzieren und umrühren. Tofu, Garnelen und Rettich untermischen. Schließlich die Nudeln zugeben und die Temperatur wieder hochschalten. Das Ganze ca. 1 Minute unter Rühren braten, bis die Nudeln etwas Farbe annehmen. Nun die vorbereitete Tamarindensauce und die Peperoni zugeben und einmal kurz aufkochen lassen, bei Bedarf noch etwas Öl zugeben. Zum Schluss fast die gesamten Sojabohnensprossen und den Lauch untermengen und nur so lange garen, bis sie zusammenfallen. Insgesamt sollten die Nudeln süß, sauer und würzig schmecken.

Anrichten

Die Nudeln auf Tellern anrichten, mit den restlichen Sojabohnensprossen und dem Lauch garnieren. Am Tellerrand die zerdrückten gerösteten Erdnüsse, einen Limettenschnitz und das geröstete Chilipulver anrichten.

»Auf einer meiner unzähligen kulinarischen Reisen kam ich natürlich nicht am Nationalgericht der Thais – Phat Thai – vorbei. Heute ist es eines meiner Lieblingsgerichte, ist es doch auch als vegetarische Variante ein absoluter Gaumenschmaus.«

BEILAGEN & VEGETARISCHES

Süßkartoffel-Stampf

Ideal zu Kurzgebratenem

Zutaten

400 g Süßkartoffeln
Meersalz
40 g Butter
100 ml süße Sahne
schwarzer Pfeffer aus der Mühle
etwas Muskatnuss

Zubereitung

Die Süßkartoffeln schälen, in grobe Stücke schneiden und in reichlich Salzwasser gar kochen. Danach die Kartoffeln abgießen, Butter und Sahne dazugeben und alles mit einem Kartoffelstampfer zu einer glatten Masse zerdrücken. Mit Meersalz, Pfeffer und Muskatnuss abschmecken. Zu kurz gebratenem Fleisch servieren.

Pastinakenpüree

Das etwas andere Püree

Zutaten

500 g Pastinaken
4 Schalotten
20 g Butter
50 ml Geflügelfond
250 ml süße Sahne

Meersalz
schwarzer Pfeffer aus der Mühle
Muskatnuss, gerieben
1/2 Limone, Saft

Zubereitung

Die Pastinaken schälen und würfeln. Die Schalotten ebenfalls schälen und zerkleinern. In einem breiten Topf die Butter zerlassen, die Schalotten darin anschwitzen, die Pastinaken dazugeben und mit dem Geflügelfond und der Sahne aufgießen. Mit Salz würzen, einmal aufkochen lassen, dann die Hitze etwas reduzieren und das Gemüse ca. 15 Minuten leise köcheln lassen. Das Ganze anschließend mit einem Stabmixer pürieren und mit Pfeffer, Muskatnuss und Limonensaft abschmecken.

Gebackene Karotten

Ideal zu Fleisch

Zutaten

400 g Karotten
50 g Rapsöl
grobes Meersalz
schwarzer Pfeffer aus der Mühle

1 TL Koriandersamen, gestoßen
2 EL Honig
2 Stängel Thymian, gezupft

Zubereitung

Den Backofen auf 180 °C vorheizen. Die Karotten schälen und in ca. 10 cm lange Stifte schneiden. Ein Stück Alufolie (ca. 30 x 30 cm) auslegen und die Karotten darauf verteilen. Die Karotten mit Öl, Meersalz, Pfeffer, Koriandersamen, Honig und Thymian marinieren und die Alufolie zu einem Päckchen verschließen. Dieses auf ein Backblech setzen und für ca. 25 Minuten – je nach Größe der Karotten – im Ofen garen. Vor dem Herausnehmen kurz testen, ob die Karotten schon weich sind.

Tipp

Die gebackenen Karotten passen zu kurz gebratenem Fleisch und zu Geschmortem. Sie schmecken aber so gut, dass man auf Fleisch verzichten bzw. daraus mit gebratenem Ziegenkäse oder einem Kartoffelgratin ein fantastisches vegetarisches Gericht zaubern kann.

Perlzwiebeln

mit Prinzessböhnchen

Zutaten

300 g Perlzwiebeln
100 g Zucker
Meersalz
250 g Prinzessbohnen

50 g Butter
Eiswasser
schwarzer Pfeffer aus der Mühle

Zubereitung

Die Perlzwiebeln schälen. Den Zucker mit etwas Wasser bedecken, sodass er wie nasser Sand aussieht und zu dunklem Karamell schmelzen. Die Perlzwiebeln dazugeben, kurz durchschwenken, kräftig mit Meersalz würzen und mit einem Deckel abdecken. So entsteht Wasserdampf, der die Perlzwiebeln gart. Nach 10 Minuten sollten die Zwiebeln weich sein. Den Deckel öffnen und den entstandenen Karamell-Zwiebel-Saft wieder einkochen, damit sich ein schöner Karamellfilm um die Perlzwiebeln legt.
In der Zwischenzeit die Bohnen putzen und in reichlich Salzwasser blanchieren. Danach sofort in Eiswasser abschrecken und gut abtropfen lassen. Die Bohnen dann zusammen mit der Butter zu den Perlzwiebeln geben, einmal aufkochen lassen und mit Meersalz und frisch gemahlenem Pfeffer würzen.

Tipp

Dieses Gemüse passt perfekt zu Rindersteaks, geschmortem Fleisch oder sanft gegartem Kalbfleisch.

Kartoffelecken

mit Rosmarin

Zutaten

1,2 kg kleine Kartoffeln, festkochend
Meersalz
4 Stängel Rosmarin, gezupft
100 ml Olivenöl extra vergine

Zubereitung

Den Backofen auf 180 °C vorheizen. Die Kartoffeln gründlich waschen und ungeschält in kleine Spalten schneiden. Diese auf ein Backblech geben, salzen, mit gezupftem Rosmarin bestreuen und mit gutem Olivenöl beträufeln. Die Kartoffelecken im vorgeheizten Ofen je nach Größe 15 bis 20 Minuten garen und sehr heiß servieren.

Fenchel-Kartoffel-Püree

Ideal zu Fisch

Zutaten

600 g Kartoffeln, mehligkochend
Meersalz
1 Fenchelknolle
1 Stängel Thymian, gezupft

100 ml Olivenöl
schwarzer Pfeffer aus der Mühle
150 ml Milch

Zubereitung

Die Kartoffeln schälen und in Salzwasser weich kochen. Danach abgießen, gut ausdampfen lassen, durch eine Kartoffelpresse drücken und warm halten.
Den Fenchel putzen, in kleine Würfel schneiden und zusammen mit dem Thymian in Olivenöl konfieren, also langsam garen. Sobald der Fenchel weich ist, ihn zusammen mit dem Olivenöl unter die Kartoffelmasse geben und mit Meersalz und Pfeffer abschmecken. Nun die Milch kurz aufkochen und unter das Püree rühren.

Tipp

Das Fenchelpüree passt zu hellem Fleisch und zu gebratenem Fisch.

Piemonteser Nocken

Gehen auch als Hauptgericht durch

Zutaten

Meersalz
600 g Kartoffeln, mehligkochend
200 g doppelgriffiges Mehl
4 Eigelbe
80 g Butter
schwarzer Pfeffer aus der Mühle

Muskatnuss, gerieben
einige Thymianblättchen

Außerdem
Mehl zum Verarbeiten

Zubereitung

Den Backofen auf 180 °C vorheizen. Ein feuerfestes flaches Gefäß mit Meersalz ca. 1 cm hoch füllen.

Die Kartoffeln gründlich waschen, ungeschält auf das Meersalz setzen und je nach Größe etwa 40 Minuten im Ofen garen. Dabei mit einem Spieß oder einer Messerspitze testen, ob sie innen weich sind.

Die gegarten Kartoffeln kurz etwas auskühlen lassen, dann halbieren und mit einem Löffel das Innere ausschälen. Die Masse durch eine Kartoffelpresse drücken und mit Mehl, Eigelben und 30 g Butter vermengen. Die Kartoffelmasse gut und kräftig mit Salz, Pfeffer und frisch geriebener Muskatnuss abschmecken.

Ein Holzbrett mit reichlich Mehl bestäuben und die Nocken darauf formen. Dazu aus dem Kartoffelteig lange dünne Würste rollen und mit einem Messerrücken oder einer Teigkarte kleine Vierecke (1 x 1 cm) abstechen. Dabei mit der Messerkante so drücken, das kleine »Kissen« entstehen.

Nun in einem großen Topf reichlich Salzwasser zum Kochen bringen. Anschließend die Nocken direkt vom Holzbrett in das kochende Wasser rutschen lassen. Die Nocken dabei nicht berühren, da der Teig sehr weich ist und sich die »Kissen« leicht verformen. Eine Teflonpfanne auf dem Herd erhitzen und 1 Schöpfkelle voll Kochwasser hineingeben. Die Nocken, sobald sie an der Oberfläche schwimmen, mit einer Schaumkelle aus dem Wasser nehmen, zusammen mit der restlichen Butter und dem gezupften Thymian in die Teflonpfanne geben und darin schwenken.

Tipp

Die Piemonteser Nocken passen zu kurz gebratenem Fleisch, können aber auch mit einer Sauce als vegetarisches Gericht serviert werden.

Buntes Gemüse-Panaché

Das Auge isst mit

Zutaten

4 Trüffelkartoffeln (lila Kartoffeln)
Meersalz
1 Brokkoli
1 Kohlrabi
1/4 Knollensellerie
2 Stangen Frühlingslauch

1 Karotte
Eiswasser
50 g Butter
1 Stängel Thymian
schwarzer Pfeffer aus der Mühle

Zubereitung

Die Kartoffeln waschen und in Salzwasser ca. 15 Minuten leise köcheln lassen. Die fertig gegarten Kartoffeln schälen und in gleichmäßig große Stücke zerteilen.

Das gesamte Gemüse putzen, den Brokkoli in kleine Röschen teilen, den Kohlrabi schälen und in Stifte, den Sellerie schälen und in Ecken schneiden. Den Frühlingslauch säubern und in 4 cm lange, schräge Stücke schneiden, die Karotte schälen und mit einem Kugelausstecher ausstechen. Das gesamte Gemüse, bis auf die Kartoffeln und den Frühlingslauch, nacheinander in Salzwasser bissfest blanchieren und sofort in Eiswasser abschrecken.

In einer großen Pfanne die Butter schmelzen, den Thymian dazufügen, das ganze Gemüse dazugeben und solange darin schwenken, bis es glasig ist. Den Thymianstängel entfernen, mit Meersalz und Pfeffer kräftig abschmecken.

Kürbisgemüse »Oriental«

mit Blattspinat

Zutaten

Für die Harissa

50 g Chilischoten, getrocknet

100 ml Wasser, kochend

2 Knoblauchzehen

1 TL Kreuzkümmelpulver

1 TL Kümmelsamen

2 TL Koriandersamen

3 EL Olivenöl

Für das Kürbisgemüse

600 g Butternusskürbis

4 Schalotten

1 Knoblauchzehe

50 ml Olivenöl

1 Msp. Safranfäden

100 ml Wasser, lauwarm

1 TL Harissa

1 Prise Zimt

Meersalz

schwarzer Pfeffer aus der Mühle

4 Eiertomaten

1 kg Blattspinat

50 g Mandeln, geröstet und grob
   gehackt

Zubereitung

Für die Harissa die Chilischoten halbieren, entkernen, mit kochendem Wasser übergießen und 20 Minuten einweichen lassen. Die Chilis durch ein Sieb abgießen. Dann den Knoblauch schälen und in einem Mörser zusammen mit dem Kreuzkümmel, den Kümmelsamen, den Koriandersamen, 2 EL Olivenöl und den Chilis zu einer feinen Paste reiben. Die Harissa in ein Schraubglas füllen und mit etwas Olivenöl bedeckt im Kühlschrank aufbewahren.

Den Kürbis schälen, entkernen und in 1 cm große Stücke schneiden. Die Schalotten und den Knoblauch schälen, fein würfeln und in einer großen Pfanne in etwas Olivenöl farblos anschwitzen. Den Kürbis dazugeben, alles kurz anbraten. Die Safranfäden in 100 ml lauwarmem Wasser einweichen und über den Kürbis gießen. Dann mit der Harissapaste, dem Zimt, Meersalz und Pfeffer würzen und abdecken. Das Ganze etwa 10 Minuten bei mittlerer Hitze garen lassen.

Inzwischen die Eiertomaten vierteln, vom Kerngehäuse befreien und in Streifen schneiden. Den Spinat putzen und waschen.

Sobald der Kürbis weich gedünstet ist, den Spinat und die Tomatenstreifen dazugeben und so lange kurz mitdünsten, bis der Spinat zusammenfällt. Eventuell noch einmal nachwürzen.

Das Kürbisgemüse zum Servieren mit gehackten Mandeln bestreuen und nach Belieben zu Reis, Couscous oder Bulgur servieren.

Blumenkohl mit Brotkrumen

Klassisch-gut

Zutaten

1 Blumenkohl (ca. 1,6 kg)
Meersalz
1 Zitrone, Saft
3 Eier aus Freilandhaltung

1/2 Bund glatte Petersilie
250 g Butter
80 g Brotkrumen oder Paniermehl
schwarzer Pfeffer aus der Mühle

Zubereitung

Den Strunk unterhalb des Blumenkohlkopfs abschneiden und alle Außenblätter entfernen. Den Kohl mit einem kleinen scharfen Messer in gleichmäßige Röschen teilen und die Strünke der Röschen nochmals leicht einkreuzen. Dies garantiert ein gleichmäßiges Garen der Röschen. In einem großen Topf reichlich Salzwasser zum Kochen bringen. 3 EL Zitronensaft dazugeben und die Blumenkohlröschen darin bissfest blanchieren. Danach sofort abgießen und gut abtropfen lassen.
Die Eier in kochendes Wasser geben und 10 Minuten hart kochen, abschrecken und pellen. Das Eiweiß hacken, das Eigelb durch ein Sieb streichen, beides getrennt beiseite stellen. Die Petersilie waschen und fein hacken.
Die Butter in einer Pfanne aufschäumen und die Brotkrumen bei mittlerer Hitze unter Rühren und Schwenken darin goldbraun anschwitzen. Das Eiweiß, die Petersilie und den restlichen Zitronensaft dazugeben, mit Salz und Pfeffer würzen.

Anrichten

Den Blumenkohl auf einer Platte anrichten. Danach mit der heißen Brotkrumen-Butter übergießen und mit dem Eigelb bestreuen und sofort servieren.

Tipp

Dieses Blumenkohlgericht eignet sich hervorragend für eine fleischlose Mahlzeit. Mit einer pikanten Joghurtsoße ist dieses Gericht eine vollständige Mahlzeit.

Vollkorn-Penne

mit gemischten Pilzen

Zutaten

200 g gemischte Pilze, z.B. Pfifferlinge,
    Kräuterseitlinge, Shii-Take, Steinpilze
2 Schalotten
2 EL Crème fraîche
1 Knoblauchzehe, angedrückt

Thymian, Meersalz und frisch gemahle-
    ner Pfeffer aus der Mühle
Olivenöl zum Anschwitzen
500 g Penne integrale oder Vollkorn-
    nudeln

Zubereitung

Die Schalotten schälen und fein würfeln. Die Pilze mit einem weichen Tuch säubern, klein schneiden, sodass man die einzelnen Formen der Pilze noch erkennen kann. Bei den Shii-Take-Pilzen den Stängel entfernen. In einer Pfanne etwas Olivenöl erhitzen, die Schalotten darin glasig anschwitzen, die Pilze, den Knoblauch und den Thymian dazu geben und darin braten. Mit Salz und Pfeffer kräftig würzen. Den Knoblauch und die Thymianstängel wieder entfernen.

Die Penne nach Packungsanleitung in reichlich Salzwasser al dente kochen, abgießen und zu den Pilzen geben. Die Crème fraîche dazurühren, alles gut schwenken und gegebenenfalls ein weiteres Mal nachschmecken. Sofort servieren.

Roter Pimento-Limonen-Risotto

mit gefüllter Auberginenpiccata

Für die Paprikabutter
50 g Butter, weich
2 rote Paprikaschoten

Für die Auberginenpiccata
1 Aubergine
etwas Olivenöl
1 Zucchino
1 rote Paprikaschote
1 gelbe Paprikaschote
etwas Tomatenmark
1 Stängel Thymian, gezupft
1 Stängel Rosmarin, gezupft
Meersalz
schwarzer Pfeffer aus der Mühle
1 Ei aus Freilandhaltung

etwas Parmesan, frisch gerieben
Mehl

Für den Risotto
2 Schalotten
etwas Olivenöl
200 g Risottoreis
60 ml Weißwein
1 Lorbeerblatt
1 Stängel Thymian
400 ml Gemüsebrühe
2 unbehandelte Limonen, Saft und
   Abrieb
Meersalz
schwarzer Pfeffer aus der Mühle

Zubereitung

Für die Paprikabutter die Butter schaumig schlagen. Die Paprikaschoten mit einer Saft-maschine entsaften. Den entstandenen Schaum – er enthält die intensivste Farbe – zusammen mit der Butter in einer Küchenmaschine verrühren. Die Paprikabutter dann in einer Klarsichtfolie zu einer Rolle von ca. 4 cm Durchmesser formen und kalt stellen. Für die Auberginenpiccata die Aubergine waschen, längs in 4 dünne Scheiben für 4 Piccate schneiden und diese kurz in Olivenöl anbraten. Für die Füllung das Gemüse waschen und ebenso wie die restliche Aubergine in sehr feine Würfel schneiden. Die Gemüsewürfel anbraten und mit etwas Tomatenmark, Thymian, Rosmarin, Meersalz und Pfeffer würzen und anschließend beiseite stellen. Die Auberginenscheiben zur Hälfte mit den Gemüsewürfeln belegen und zu einer kleinen Tasche klappen. Das Ei mit dem Parmesan verquirlen. Die Taschen zuerst in Mehl wenden, dann durch die Eier-Parmesan-Mischung ziehen und anschließend in heißem Öl ausbraten und warm stellen.
Für den Risotto die Schalotten schälen und klein schneiden. Anschließend in einem Topf in Olivenöl farblos anschwitzen, den Risottoreis dazugeben, ca. 4 bis 5 Minuten farblos anschwitzen und mit Weißwein ablöschen. Das Ganze ca. 2 Minuten kochen lassen, dann das Lorbeerblatt und den Thymian dazugeben und mit dem Gemüsefond auffüllen. Den Risotto ca. 15 Minuten köcheln lassen, dabei ab und zu umrühren. Zum Schluss die Paprikabutter einrühren, mit Limonenabrieb und Limonensaft abschme-cken, und mit Olivenöl, frisch gemahlenem Pfeffer und Meersalz würzen.

Anrichten

Den Risotto auf die Teller verteilen und die Auberginenpiccata separat dazu servieren.

Ricotta-Ravioli

mit brauner Butter und Salbei

Zutaten

Für den Nudelteig
250 g Mehl
6 Eigelb
2 EL Olivenöl
1 Prise Salz
1TL weißer Essig

Für die Füllung
100 g Ricotta
1 Eigelb

20 g Mie de pain (weiche Brotkrume)
1 Stängel Thymian
Salz und Pfeffer

Außerdem
1 Eigelb zum Bestreichen
150 g Butter für die braune Butter
5 Salbeiblätter
50 g Parmesanspäne

Zubereitung

Für den Nudelteig Mehl, Eigelb, Olivenöl und Salz mit 75 ml Wasser zu einem glatten, glänzenden Teig verkneten. Den Teig in Klarsichtfolie einwickeln und etwa zwei Stunden ruhen lassen.

Für die Füllung den Ricotta mit dem Eigelb und der Brotkrume verrühren, mit Thymian, Salz und Pfeffer abschmecken.

Dann mit einer Nudelmaschine den Teig dünn, lang und breit ausrollen. Hierbei ist es wichtig, dass der Teig so lang durch die Maschine gedreht wird, bis er glänzt. Dafür wird er immer wieder neu gefaltet und wieder und wieder dünn ausgerollt.

Aus dem Nudelteig anschließend mit einem Ausstecher 8 cm große, runde Platten ausstechen. Jede zweite Platte an den Rändern mit Eigelb bestreichen. Mit einem Teelöffel die Ricotta-Masse auf die mit Eigelb bestrichenen Nudelteig-Platten geben und mit einer der übrigen Platten belegen. Die Ränder fest andrücken und darauf achten, dass keine Luftlöcher entstehen. Mit einem etwas kleineren Ausstecher die überschüssigen Ränder wegschneiden.

Die fertig geformten Ravioli auf ein mit Mehl bestäubtes Blech legen. Diese Ravioli können auch gut eingefroren werden, es empfiehlt sich also auf Vorrat zu arbeiten …

Die Ravioli in viel Salzwasser al dente kochen. Währenddessen die 150 g Butter in einem Topf bei mittlerer Hitze schmelzen und solange köcheln bis sich ein brauner Schaum bildet. Dabei ab und zu umrühren, damit die Butter nicht verbrennt. Die Salbeiblätter dazugeben.

Anrichten

Die Ravioli abgießen, in vier Teller verteilen und mit der braunen Salbeibutter beträufeln. Einige Parmesanspäne darüber streuen.

MEHLSPEISEN & DESSERTS

Kokosnuss-Tapioka-Pudding

mit Ananas und Limettensorbet

Zutaten

Für das Limettensorbet
80 g Zucker
130 ml Wasser
125 ml Limettensaft
1 unbehandelte Limette, Abrieb

Für den Kokosnuss-Tapioka-Pudding
225 ml Milch
1/2 unbehandelte Orange, Abrieb
2 Stängel Zitronengras, zerstoßen

45 g Vollrohrzucker
1 Prise Meersalz
30 g Tapioka (Stärkeperlen, im
    Bio-Laden erhältlich)
300 ml Kokosmilch
75 ml süße Sahne

Für die Ananas
1/2 Ananas
1 EL Rum

Zubereitung

Für das Sorbet den Zucker zusammen mit dem Wasser aufkochen und mit dem Limettensaft und dem Abrieb mischen. Das Ganze auskühlen lassen und in einer Eismaschine frieren.

Für den Pudding die Milch zusammen mit dem Orangenabrieb, dem Zitronengras, dem Vollrohrzucker, dem Meersalz und dem Tapioka in einem Topf zum Kochen bringen. Die Mischung 20 Minuten köcheln lassen und dann die Kokosmilch und die Sahne dazugeben. Den Pudding abkühlen lassen.

Die Ananas in kleine Würfel schneiden und mit etwas Rum marinieren.

Anrichten

Die Ananaswürfel in Gläser oder auf einen Teller geben, mit dem Kokosnuss-Tapioka-Pudding umgießen und das Sorbet dazu servieren.

Schmand-Tarte

mit marinierten Zitrusfrüchten

Zutaten

Für den Mürbeteigboden

125 g Butter, in kleine Flocken geschnitten

75 g Vollrohrzucker

1 Ei aus Freilandhaltung

200 g Mehl, Type 550

1 Prise Meersalz

1 Spritzer Zitronensaft

200 g Linsen oder andere Hülsenfrüchte zum Blindbacken

Für den Belag

700 g Schmand

100 g Vollrohrzucker

2 Eier aus Freilandhaltung

30 g Cremepulver

1 Tahiti-Vanilleschote, Mark

1 unbehandelte Zitrone, Abrieb

Für die marinierten Zitrusfrüchte

1 Orange

1 pinke Grapefruit

1 Zitrone

1 Blutorange

etwas Puderzucker

1/2 Vanilleschote, Mark

Zubereitung

Für den Mürbeteigboden die Butter, den Vollrohrzucker und das Ei in einer Rührmaschine mit Knethaken gut verrühren. Alle weiteren Zutaten dazumischen und das Ganze schnell zu einem Teig verkneten. Diesen kalt stellen.

Danach den Ofen auf 140 °C vorheizen. Den kalten Teig ca. 3 mm dünn ausrollen und in eine runde teflonbeschichtete Tarteform (Durchmesser ca. 20 cm) auslegen. Den überstehenden Rand abschneiden. Mit einer Gabel Löcher in den Teig stechen, anschließend mit Backpapier belegen und mit den Linsen (oder anderen Hülsenfrüchten) befüllen. Den Boden im Ofen 30 bis 40 Minuten »blind backen«, damit keine Blasen entstehen. Wenn er goldbraun ist, das Backpapier mit den Hülsenfrüchten entfernen, dann den Boden so lange weiterbacken, bis er schön gebräunt ist. Das ist wichtig, damit nachher nicht vom Belag aufgeweicht wird.

Nun den Ofen auf 170 °C vorheizen. Für den Belag alle Zutaten gut miteinander verrühren und die Masse auf den Teigboden so verteilen, dass sie 3 bis 4 cm hoch eingefüllt ist. Die Tarte im Ofen exakt 10 Minuten backen – die Schmandoberfläche sollte keine Farbe bekommen! Die Tarte aus dem Ofen nehmen und auskühlen lassen.

Die Zitrusfrüchte filetieren und vermischen, mit etwas Puderzucker und der Vanille marinieren.

Anrichten

Zum Servieren die Tarte mit einem heißen Messer in schöne Kuchenstücke schneiden, dazu die marinierten Früchte reichen.

Tipp

Den Teig für den Boden am besten schon am Vortag zubereiten. Denn bekanntlich trifft ja das Glück den Vorbereiteten!

Ricotta-Limetten-Creme im Glas

mit eingelegten Gewürzkumquats und Orangenknusper

Zutaten

Für den Orangenknusper

125 g weiche Butter
225 g Vollrohrzucker
100 ml Orangensaft
1 unbehandelte Orange, Abrieb
65 g Mehl, Type 550
125 g gemahlene Mandeln
25 ml Zitronensaft

Für die Gewürzkumquats

100 g Kumquats
100 g Vollrohrzucker
1 Sternanis
1/2 Vanilleschote
1 Zimtstange
1 Gewürznelke

4 schwarze Pfefferkörner (nach Belieben
    ersetzen durch Zimtblüte, Tonkabohne
    o. ä. Gewürze)
1 EL Grand Marnier
40 ml Orangensaft

Für die Ricotta-Limetten-Creme

6 Blatt Gelatine
210 ml süße Sahne
210 g Eiweiß
300 g Vollrohrzucker
210 ml Limettensaft
350 g Ricotta

Außerdem

Minzespitzen zum Garnieren

Zubereitung

Für die Knuspermasse am Vortag die Butter mit dem Vollrohrzucker schaumig schlagen. Orangensaft und Orangenabrieb, Zitronensaft, Mehl und gemahlene Mandeln unterheben und kühl stellen.

Den Ofen auf 180 °C vorheizen. Die Knuspermasse mit einer Palette so dünn wie möglich auf Backpapier streichen und im Ofen 6 Minuten backen, bis der Knusper goldbraun ist. Ihn auf einer glatten, flachen Oberfläche erkalten lassen – sobald er ausgekühlt ist, wird er knusprig. Die Knusper trocken aufbewahren.

Am Tag der Zubereitung die Kumquats vierteln und dabei die kleinen Kerne entfernen. Danach in kochendem Wasser blanchieren und unter kaltem Wasser kurz abspülen. Das Ganze viermal wiederholen, so verlieren die Kumquats ihre bittere Geschmacksnote. Die Kumquats anschließend noch einmal zusammen mit dem Vollrohrzucker, den Gewürzen, Orangensaft und Grand Marnier aufkochen, 5 Minuten köcheln und danach auskühlen lassen.

Für die Ricotta-Limetten-Creme die Gelatine in kaltem Wasser einweichen und beiseite stellen. Die Sahne steif schlagen. Das Eiweiß mit 90 g Vollrohrzucker ebenfalls steif schlagen. Den Limettensaft mit dem restlichen Vollrohrzucker einmal aufkochen und so lange rühren, bis der Zucker vollständig aufgelöst ist. Die Mischung etwas abkühlen lassen, dann die ausgedrückte Gelatine darin auflösen und das Ganze anschließend mit dem Ricotta verrühren. Die geschlagene Sahne und den Eischnee vorsichtig unterziehen. Die Creme in schöne Cocktailgläser füllen und kalt stellen.

Anrichten

Die Gewürzkumquats zusammen mit dem Gewürzfond auf die Ricotta-Limetten-Creme geben, eine schöne Minzespitze als Dekoration anstecken und die Orangenknusper anlegen.

Pavlova
mit frischen Beeren

Zutaten

6 Eiweiße
300 g Biozucker
2 TL Vanillezucker
1 EL Speisestärke
2 EL Essig, weiß
300 ml süße Sahne

1 TL Vanillezucker
250 g gemischte frische Beeren, (Erdbeeren, Himbeeren, Brombeeren, Heidelbeeren, Johannisbeeren)
frische Minzezweige, gewaschen und
getrocknet

Zubereitung

Den Backofen auf 220 °C vorheizen. Die Eiweiße steif schlagen, in die feste, weiße Masse nach und nach den Vollrohrzucker und 1 TL Vanillezucker einrieseln lassen. Wenn sich kleine weiße feste Spitzen bilden ist der Eischnee fertig. Dann die Stärke und den Essig unterziehen. Die Masse auf ein mit Backpapier belegtes Blech geben und einen Kreis von ca. 20 cm Durchmesser formen. Die Ofenhitze auf 120 °C reduzieren und die Pavlova für 1 Stunde und 40 Minuten backen, bis sie an den Außenseiten fest, aber noch nicht braun ist. Den Teig danach komplett auskühlen lassen.
Nun die Sahne steif schlagen und mit dem restlichen Vanillezucker abschmecken. Die Schlagsahne auf der Pavlova verteilen und mit den gemischten Beeren dekorieren. Zwischen die Beeren kleine Minzezweige setzen.

Tipp

Man kann auch kleine »Portionspavlovas« backen und diese einzeln auf großen Tellern angerichtet servieren.

Belgische Waffeln

mit Honig-Rahm-Eis und Zwetschgenröster

Zutaten

Für das Honig-Rahm-Eis
4 Eigelbe
100 g Rohrzucker
25 g Tannenhonig
500 ml süße Sahne

Für den Röster
25 ml Rotwein
100 g Rohrzucker
1 Vanilleschote, Mark
2 Zimtblüten
1 Gewürznelke
1 Scheibe Ingwer
1/2 unbehandelte Zitrone, Schale
1/2 unbehandelte Orange, Schale
400 g Zwetschgen

Für die Waffeln
150 ml süße Sahne
2 Eigelbe
100 g Mehl, Type 550
1 Vanilleschote, Mark
1 Prise Zimtblüte, gemahlen
1 Prise Salz
30 g Butter, flüssig
1/2 unbehandelte Zitrone, Abrieb
2 Eiweiße
30 g Rohrzucker

Außerdem
Butter für das Waffeleisen
Puderzucker zum Bestäuben

Zubereitung

Für das Honig-Rahm-Eis die Eigelbe mit dem Rohrzucker und dem Honig cremig rühren. Dann die Sahne dazugeben. Die Masse gut verrühren, durch ein feines Sieb in die Eismaschine geben und frieren.

Für den Zwetschgenröster den Rotwein mit dem Rohrzucker, den Gewürzen, der Zitronen- und Orangenschale sowie dem Zwetschgenwasser so lange erhitzen, bis der Rohrzucker vollständig aufgelöst ist. Die Zwetschgen waschen, halbieren und entsteinen, in ein feuerfestes, flaches Gefäß geben und mit dem Rotwein übergießen. Den Ofen auf 185 °C vorheizen und die Zwetschgen mit Alufolie abdecken. Den Röster auf unterster Schiene ca. 20 Minuten garen, herausnehmen und etwas erkalten lassen. Der Röster schmeckt sowohl heiß als auch kalt.

Für die Waffeln die Sahne mit den Eigelben verrühren und unter das Mehl geben. Die Gewürze, die Butter und den Zitronenabrieb dazugeben und alles zu einem glatten Teig rühren. Die Eiweiße zusammen mit dem Rohrzucker aufschlagen und unter den Teig heben. Das Waffeleisen vorheizen und leicht einfetten. Die Teigmasse nach und nach ausbacken und die fertigen Waffeln auf einem Gitter im Ofen warm halten.

Anrichten

Den Röster auf einen Teller anrichten, die Waffeln mit Puderzucker bestäuben und dazu legen. Zusammen mit dem Honig-Rahm-Eis servieren.

Tipp

Da für das Rahmeis frische Eigelbe verwendet werden, ist es nicht für eine längere Lagerung geeignet – es sollte am Tag der Herstellung verzehrt werden.

Gratinierte Himbeeren

mit Schuss

Für die Gratinmasse
3 Eigelbe
1/2 Vanilleschote, Mark
40 g Vollrohrzucker
100 ml süße Sahne

Für die Himbeeren
500 g Himbeeren, frisch oder tiefgekühlt
20 ml Himbeergeist
100 g Puderzucker

Außerdem
Puderzucker zum Bestäuben

Zubereitung

Für die Gratinmasse die Eigelbe zusammen mit dem Vanillemark und dem Vollrohrzucker über einem Wasserbad aufschlagen, bis eine schaumige, cremige Masse entsteht. Die Masse vom Herd nehmen und wieder kalt schlagen. Die Sahne steif schlagen und unter die Masse ziehen.

Die Himbeeren mit dem Himbeergeist und dem Puderzucker marinieren und in eine feuerfeste Form geben. Die Gratinmasse darübergeben.

Den Grill im Ofen auf höchste Stufe stellen und das Himbeeren goldbraun gratinieren. Die fertige Gratinmasse wieder herausnehmen und zum Servieren mit Puderzucker bestäuben.

202

Schwarzer Reispudding

mit Pandanblatt und gegrillter Ananas

Zutaten

Für den Reispudding
1 Tasse schwarzer Reis
2 Pandanbätter (aus dem Asialaden)
1,5 l Wasser
2 EL Palmzucker
1 Prise Meersalz
2 EL Vollrohrzucker
350 ml Kokosmilch

Für die gegrillte Ananas
1/2 Flugananas
50 g Vollrohrzucker
1 Msp. Zimtpulver
1 TL Koriandersamen, fein gestoßen
1/2 Vanilleschoten, Mark
80 ml brauner, hochprozentiger Rum

Zubereitung

Den Reis unter fließendem Wasser gründlich waschen. Die Pandanblätter in grobe Stücke schneiden und zusammen mit dem Reis und dem Wasser in einen mittelgroßen Topf geben. Einmal aufkochen lassen, die Hitze reduzieren und alles 30 Minuten lang garen. Dann den Palmzucker, das Meersalz, den Vollrohrzucker und 250 ml Kokosmilch dazugeben und das Ganze weitere 15 Minuten köcheln lassen. Anschließend die Pandanblätter entfernen.

Für die Ananas den Ofen auf 180 °C vorheizen. Die Ananas schälen, im Vollrohrzucker wälzen und mit den Gewürzen bestreuen. Zucker und Gewürze gut »einmassieren«, dann die Ananas in Alufolie einschlagen, auf ein Backblech setzen und im Ofen etwa 15 Minuten karamellisieren lassen. Herausnehmen, mit hochprozentigem Rum beträufeln, vorsichtig anzünden (Stichflamme!!) und richtig flambieren lassen. Die Ananas danach in vier Stücke schneiden.

Anrichten

Den Reispudding zusammen mit etwas Kokosmilch und der noch heißen Ananas servieren. Der schwarze Reispudding schmeckt auch kalt noch gut!

Tipp

Schwarzer Reis ist eine langkörnige Reissorte, die in Japan und Thailand angebaut wird. Das Reiskorn ist weiß, die Haut unter dem Strohmantel ist schwarz gefärbt. Wird diese nicht entfernt, bleibt die Schwarzfärbung erhalten. Darum ist schwarzer Reis nur als ungeschliffener Reis (Naturreis) erhältlich.

Die schmalen, schwertförmigen Pandanblätter stammen aus Südasien und dienen als Gewürz. Sie haben einen ganz typischen Duft, schmecken süßlich-aromatisch und sind mit keinem uns bekannten Gewürz vergleichbar. In Asien werden sie für Süßspeisen, Reisgerichte und Currys verwendet.

Milchreis
mit Gewürzzucker

Für den Milchreis
1 Vanilleschote
1 l Milch
1 Prise Meersalz
100 g Vollrohrzucker
1 unbehandelte Orange
250 g Milchreis

Für den Gewürzzucker
4 Zimtblüten
10 Koriandersamen
1 Gewürznelke
100 g Vollrohrzucker

Zubereitung

Für den Milchreis die Vanilleschote längs halbieren. Die Milch zusammen mit dem Meersalz, dem Vollrohrzucker und der Vanilleschote aufkochen. Die Orange heiß abspülen und die Schale mit einem Sparschäler dünn schälen. Den Reis in die heiße Milch einrieseln lassen und die Orangenschale dazugeben. Alles gut umrühren und einmal aufkochen. Nun die Hitze reduzieren und den Milchreis etwa 30 Minuten leise simmern lassen. Dann die Orangenschale und die Vanilleschote entfernen, die Vanilleschote auskratzen und das Mark wieder in den Reis unterrühren.
Für den Gewürzzucker die Zimtblüten zusammen mit den Koriandersamen und der Gewürznelke in einem Mörser fein zerstoßen. Die Mischung durch ein Sieb in den Vollrohrzucker rieseln lassen und alles gut vermengen.

Anrichten

Den Milchreis noch warm in kleine Schüsseln geben und mit dem Gewürzzucker servieren. Alternativ kann man dazu auch nur Zimtzucker reichen.

Lemonmyrthe-Crêpes

mit Birnen und Blaubeeren

Zutaten

Für die Crêpes
180 g Butter
370 ml Milch
150 g Mehl, Type 550
4 Eier aus Freilandhaltung
20 g Vanillezucker
1 Prise Lemonmyrthe (im Stromberg-
   Shop* erhältlich, ersatzweise Abrieb
   von 1 unbehandelten Limone)
1 Prise Meersalz
Erdnussöl

Für die Birnen und Blaubeeren
2 Birnen, Abate Fetel
30 g Butter
1 EL Honig
1/2 Zitrone, Saft
125 g Blaubeeren

Außerdem
4 EL Ahornsirup
etwas Puderzucker zum Bestäuben

Zubereitung

Für die Crêpes die Butter vorsichtig so lange erhitzen, bis sie sich leicht bräunlich färbt (»Nussbutter«). Dabei stets den Topf schwenken oder umrühren. Anschließend die Butter durch ein Küchenkrepp gießen und etwas abkühlen lassen. Die Milch, das Mehl, die Eier, den Vanillezucker, die Lemonmyrthe und das Meersalz verrühren und zusammen mit der Nussbutter zu einem geschmeidigen Teig rühren. Den Teig 30 Minuten ruhen lassen.

In der Zwischenzeit die Birnen schälen und in 1 cm große Würfel schneiden. In einer Pfanne die Butter und den Honig schmelzen, die Birnenwürfel ohne Farbe darin anschwitzen und mit dem Zitronensaft ablöschen. Die Blaubeeren dazugeben, einmal schwenken und sofort vom Herd nehmen.

Zum Backen der Crêpes eine teflonbeschichtete Pfanne mit sehr wenig Erdnussöl erhitzen. Eine kleine Schöpfkelle Teig in die Pfanne gießen und diese so schwenken, dass ein dünner Pfannkuchen entsteht. Nun so lange warten, bis der Teig kleine Blasen wirft, den Pfannkuchen wenden und die zweite Seite kurz backen. Die fertigen Crêpes auf ein mit Backpapier belegtes Backblech legen und im Ofen bei 75 °C kurz warm halten.

Anrichten

Die Crêpes eng zusammenrollen, auf einen Teller legen und mit den Birnen und den Blaubeeren bedecken. Den Ahornsirup darüber träufeln und das Ganze mit Puderzucker bestäuben.

Tipp

Der kleine stark belaubte Lemonmyrthe-Baum stammt aus den australischen Regenwäldern. Seine Blätter sind dank ihres ausgeprägten milden Zitronengras-, Zitronen- und Limonenaromas vielseitig einsetzbar und in der australischen Küche sehr beliebt. Das »Lemonmyrthe« oder »Zitronenmyrthe« genannte Gewürzpulver aus den getrockneten und vermahlenen Blättern eignet sich als Zugabe zu Brot, Pfannkuchen, Teegebäck, Muffins, Butterplätzchen und Käsekuchen.

Warme Haselnusskrokantkugeln

mit Vanillesauce

Zutaten

Für den Haselnusskrokant
80 g Zucker
100 g Haselnüsse, geschält

Für die Kugeln
300 ml Milch
100 g Butter
15 g Vollrohrzucker
Meersalz
135 g Grieß

2 Eier aus Freilandhaltung
1/4 unbehandelte Zitrone, Abrieb

Für die Vanillesauce
1/2 Vanilleschote
125 ml Milch
125 ml süße Sahne
4 Eigelbe
60 g Vollrohrzucker

Zubereitung

Für den Krokant Zucker in einem Topf zu hellbraunem Karamell schmelzen. Vom Feuer nehmen und die Haselnüsse unterrühren. Die Masse sofort auf ein Backpapier streichen und auskühlen lassen. Anschließend den Krokant in einen Gefrierbeutel geben, zwischen ein Küchentuch legen und mit einem harten Gegenstand fein zerschlagen (z. B. mit einem Nudelholz oder einem Topf).

Für die Kugeln die Milch, die Butter, den Vollrohrzucker und 1 Prise Meersalz in einem Topf zum Kochen bringen. Den Grieß einrühren, einmal aufkochen lassen und 3 bis 4 Minuten bei mittlerer Hitze so lange rühren, bis ein fester Teig entsteht. Den Teig in eine Schüssel geben und weitere 10 bis 15 Minuten quellen lassen, dann erst die Eier und den Zitronenabrieb einrühren. Die Masse abgedeckt ca. 1,5 Stunden kalt stellen.

In der Zwischenzeit die Vanillesauce herstellen. Dafür die Vanilleschote längs aufschneiden und das Mark mit einem Löffel herauskratzen. Vanillemark und Schote zusammen mit Milch und Sahne in einem Topf aufkochen. Das Ganze für einige Minuten köcheln lassen und dann von der Herdplatte nehmen. In der Zwischenzeit die Eigelbe mit dem Vollrohrzucker vermischen und mit einem Schneebesen cremig schlagen. Die heiße Vanillemilch unter ständigem Rühren in die Eigelb-Zucker-Mischung geben, anschließend das Ganze durch ein feines Sieb zurück in den Topf gießen und wieder auf den Herd stellen. Bei geringer Hitze so lange sorgfältig mit einem Holzlöffel rühren, bis die Vanillesauce eine cremige Konsistenz hat. Vorsicht, die Sauce darf nicht kochen, da sie sonst gerinnen würde.

Die Grießmasse zu Kugeln formen und in kochendes, leicht gesalzenes Wasser geben. Das Wasser einmal aufwallen lassen und weitere 8 Minuten bei schwacher Hitze ziehen lassen. Die Kugeln mit einer Schaumkelle aus dem Wasser nehmen und vorsichtig durch den Haselnusskrokant wälzen. Die Kugeln noch warm zusammen mit der Vanillesauce servieren.

»Für Hochleistungssprotler zu kochen, hat so seine Tücken. Mohnknödel mit Vanillesauce zum Beispiel – lecker! Aber das fällt leider unter Doping ... Deshalb gibt es jetzt ganz einfach Krokant.«

Pfirsich-Crumble

mit kandierten Pistazien und Tahiti-Vanille-Parfait

Für das Parfait
75 g Vollrohrzucker
60 ml Wasser
4 Eigelbe
1/2 Tahiti-Vanilleschote
250 ml süße Sahne

Für den Crumble
4 reife Pfirsiche
100 g Vollrohrzucker
1 Tahiti-Vanilleschote, ausgekratzt
30 ml Rum

100 g Butter
100 g Mehl, Type 550
80 g Vollrohrzucker
70 g Mandelgrieß

Für die Pistazien
50 g Zucker
80 g Pistazien

Außerdem
Minzeblätter nach Belieben
Schokostäbchen nach Belieben

Zubereitung

Für das Parfait den Vollrohrzucker im Wasser zum Kochen bringen und ca. 3 Minuten kochen lassen. Inzwischen die Eigelbe in eine Rührmaschine geben. Das heiße Zuckerwasser (Läuterzucker) nun vom Feuer nehmen und erst tröpfchenweise, dann etwas schneller unter ständigem Rühren zu den Eigelben geben. Die Vanilleschote aufschneiden, das Mark herauskratzen und zum Eigelbschaum geben. Die Eigelb-Zucker-Masse nun in der Küchenmaschine unter schnellem Rühren kalt (auf Zimmertemperatur) schlagen. In der Zwischenzeit die Sahne steif schlagen und unter die kalte Eigelb-Zucker-Masse heben. Das Ganze in kleine Förmchen, Schälchen oder eine Schüssel füllen und im Eisfach ca. 4 Stunden frieren lassen.

Für den Crumble die Pfirsiche waschen, trocken tupfen und in kleine Spalten schneiden. Die Pfirsiche mit Vollrohrzucker, Vanillemark und dem Rum für etwa 15 Minuten marinieren. Für den Streuselteig die Butter schmelzen, mit Mehl, Zucker und Mandeln vermischen und in den Handflächen zu Streuseln bröseln.

Nun den Backofen auf 170 °C vorheizen. Die Pfirsiche in feuerfeste Förmchen füllen, den Streuselteig großzügig darauf verteilen und die Kuchen etwa 15 Minuten auf der mittleren Schiene backen. Sie sind fertig, wenn die Streusel goldbraun sind und die Pfirsiche in den Förmchen zu köcheln anfangen.

Für die Pistazien den Zucker mit einigen Esslöffeln Wasser zum Faden kochen, bis sich also zwischen Daumen und Zeigefinger ein Tropfen der Lösung zu einem dünnem Faden ausziehen lässt. Die Pistazien dazugeben und sehr gut unterrühren. Auf mittlerer Hitze weiterrühren, bis der Zucker wieder kristallisiert und sich ähnlich wie bei gebrannten Mandeln um die einzelnen Pistazien gelegt hat. Dann auf ein Backpapier geben und auskühlen lassen.

Anrichten

Die Crumbles auf Teller stellen. Das Parfait mit etwas Minze oder einem Schokostäbchen garnieren, die kandierten Pistazien darüberstreuen und servieren.

Karamellisierter Kaiserschmarrn

mit Aprikosenröster und Vanilleeis

Für das Vanilleeis

200 ml süße Sahne
1 Vanilleschote
3 Eigelbe
40 g Zucker

Für den Aprikosenröster

600 g Aprikosen
100 g Vollrohrzucker
1 Zimtstange
5 Wacholderbeeren
1 Vanillestange
1 Sternanis

Für den Kaiserschmarrn

  (ergibt etwa zwei Pfannen)
120 g Mehl, Type 550
70 g Vollrohrzucker
125 ml Milch
4 Eier aus Freilandhaltung
50 g Butter
50 g Rosinen
50 g Mandelstifte
100 g Puderzucker

Zubereitung

Für das Vanilleeis die Sahne zusammen mit der längs aufgeschnittenen Vanilleschote aufkochen. Die Eigelbe mit dem Zucker schaumig rühren und die gekochte Sahne unter ständigem Rühren in die Eigelb-Zucker-Mischung geben. Die Masse durch ein feines Sieb zurück in den Topf gießen und mit einem Holzlöffel so lange rühren, bis sie dicklich wird. Vorsicht, die Vanillesauce darf nicht kochen! Das Ganze auskühlen lassen und in einer Eismaschine frieren.

Für den Röster den Backofen auf 170 °C vorheizen. Die Aprikosen waschen, entsteinen und vierteln, in eine Reine oder ein tiefes Blech geben, mit dem Vollrohrzucker und den Gewürzen vermischen, mit Alufolie abdecken und 20 Minuten im Ofen garen.

Für den Kaiserschmarrn den Ofen auf höchste Stufe Grillen stellen. Das Mehl zusammen mit dem Vollrohrzucker, der Milch und den Eiern mit einem Schneebesen zu einem glatten Pfannkuchenteig rühren. Zwei beschichtete Pfannen mit feuerfestem Griff erhitzen und etwas Butter schmelzen. Je die Hälfte des Teiges hineingeben und mit Rosinen bestreuen. Sobald der Teig an der Oberfläche zu trocknen beginnt, die Pfannkuchen einmal wenden und mit einigen Butterflocken belegen. Die goldbraunen Pfannkuchen mit zwei Gabeln in ca. 4 cm große Stücke reißen, mit den Mandelstiften und dem Puderzucker bestreuen. Dann die Pfannen in den Backofen stellen und die Oberfläche karamellisieren lassen. Den fertigen Kaiserschmarrn sofort mit dem Vanilleeis und dem Aprikosenröster servieren.

GEBÄCK & KUCHEN

Chocolate-Chip-Cookies

Mehr als einfach nur ein Keks

Zutaten

125 g Butter, weich	180 g Mehl, Type 550
180 g Vollrohrzucker	1/2 TL Backpulver
1 TL Karamellsirup	1 Prise Meersalz
1 Ei aus Freilandhaltung	240 g Vollmilchkuvertüre

Zubereitung

Den Backofen auf 180 °C vorheizen. Die Butter zusammen mit dem Vollrohrzucker schaumig schlagen und den Karamellsirup und das Ei dazugeben. Das Mehl und das Backpulver sieben und unter die Masse rühren. Das Salz dazugeben, die Kuvertüre in kleine Stücke hacken und in den Teig einarbeiten. Aus dem Teig golfballgroße Kugeln rollen und diese auf ein Backblech mit Backpapier legen. Die Kugeln leicht platt drücken. Zwischen den Kugeln ca. 5 cm Platz lassen, da der Teig beim Backen verläuft. Die Cookies im Ofen ca. 12 Minuten backen. Sie sind fertig, wenn sie außen golden und innen noch weich sind.

Tipp

Dieser Teig eignet sich perfekt zum Einfrieren, also machen Sie gleich die doppelte Menge und überraschen Sie damit unerwarteten Besuch! Dazu den Teig zu Rollen formen, in Folie wickeln und einfrieren. Zum Backen einfach kurz antauen lassen, in 1 cm dicke Scheiben schneiden und in den Ofen geben.

»Gleich zu Beginn meiner Tätigkeit als Koch der Deutschen Fußball-Nationalmannschaft ging es dreimal auf die grünen Inseln im Atlantik – London, Cardiff, Dublin. Da konnte ich nach langer Zeit wieder richtig tief in Cookie-Kultur eintauchen. Für Briten, Waliser und Iren sind Cookies mehr als einfach nur Kekse!«

Gelbe Rosinen-Cookies
mit Haferflocken

225 g Butter, Zimmertemperatur
200 g Vollrohrzucker
280 g Muscovadozucker
2 Eier aus Freilandhaltung
1/2 Vanilleschote, Mark
1 TL Zimt

240 g Mehl, Type 550
1 Prise Meersalz
1 TL Backpulver
400 g Haferflocken
200 g gelbe Rosinen

Zubereitung

Die Butter zusammen mit dem Vollrohrzucker und dem Muscovadozucker schaumig schlagen. Die Eier, das ausgekratzte Vanillemark und den Zimt dazurühren. Das Mehl, das Meersalz und das Backpulver dazugeben und zum Schluss die Haferflocken und die Rosinen in den Teig einarbeiten. Den Teig 30 Minuten kalt stellen.
Danach den Backofen auf 160 °C vorheizen, ein Backblech mit Backpapier auslegen. Aus dem Teig golfballgroße Kugeln formen und diese mit 5 cm Abstand nebeneinander auf das Blech legen. Die Kugeln mit einer Gabel flach drücken und die Cookies im Ofen 10 Minuten goldbraun backen. Sie sollten dabei innen noch weich sein.

Haferflocken-Kokos-Cookies
mit Honig

Zutaten

80 g Kokosflocken
70 g kernige Haferflocken
120 g Mehl, Type 550
150 g brauner, sehr feiner Zucker

125 g Butter
1 EL Honig
1/2 TL Backpulver
2 EL Wasser, heiß

Zubereitung

Den Backofen auf 160 °C vorheizen. Die Kokosflocken, die Haferflocken, das Mehl und den Zucker vermischen. Die Butter zusammen mit dem Honig schmelzen. Das Backpulver im heißen Wasser auflösen und zu der Buttermischung geben. Diese anschließend über die anderen Zutaten gießen und alles zu einem Teig verkneten.
Aus dem Teig ca. 12 esslöffelgroße Kugeln formen und diese auf ein mit Backpapier belegtes Blech setzen. Zwischen den Kugeln einige Zentimeter Platz lassen, da die Masse beim Backen verläuft. Mit einer Gabel die Kugeln flach drücken. Die Cookies ca. 10 Minuten goldbraun backen, sie sollten nach dem Backen noch weich sein.

Tipp

Sollten Sie keinen feinen braunen Zucker bekommen, können Sie einfach den normalen braunen Zucker mit einer Küchenmaschine oder einer elektrischen Kaffeemühle fein mahlen.

Schokoladen-Cookies

Schmecken auch warm herrlich

Zutaten

120 g Butter, weich
120 g Muscovadozucker (alternativ
　　Vollrohrzucker)
1 Ei aus Freilandhaltung

140 g Mehl, Type 550
1 Msp. Backpulver
1 EL Kakaopulver
85 g dunkle Kuvertüre

Zubereitung

Die Butter zusammen mit dem Muscovadozucker so lange aufschlagen, bis eine cremige Masse entsteht. Dann das Ei dazugeben und unterrühren. Das Mehl, das Backpulver und das Kakaopulver sieben und in die Butter-Zucker-Masse geben. Die Kuvertüre in kleine Stücke hacken und unter die Masse heben. Das Ganze für 20 Minuten kalt stellen.

Danach den Ofen auf 180 °C vorheizen. Ein Blech mit Backpapier auslegen und aus der Teigmasse walnussgroße Kugeln formen. Diese mit ca. 5 cm Abstand auf das Backblech setzen, da die Masse beim Backen verläuft. Die Kugeln flach drücken und die Cookies 10 bis 12 Minuten backen, bis sie außen knusprig und innen noch weich sind. Sie schmecken sowohl warm als auch kalt.

Espresso-Marmor-Muffins

Einfach lecker

Zutaten

Für die helle Teigmasse
150 g Mehl, Type 550
1/2 TL Backpulver
1 Prise Meersalz
125 g Vollrohrzucker
30 ml Milch
70 g Bio-Joghurt
1 Ei aus Freilandhaltung

Für die dunkle Teigmasse
25 g Bitterkuvertüre
50 g Butter
50 g Muscovadozucker (alternativ
  Vollrohrzucker)
1 Ei aus Freilandhaltung
10 g Kakaobohnen, gestoßen
1 Espresso, ca. 25 ml
35 g Mehl, Type 550
12 g Kakaopulver

Außerdem
Butter für die Förmchen

Zubereitung

Den Backofen auf 170 °C vorheizen. Sechs Muffinförmchen mit Butter ausstreichen und mit Backpapier so auslegen, dass das Papier mindestens 4 cm über den Rand steht. Der Teig geht beim Backen sehr auf und würde sonst über den Rand laufen.

Für die helle Masse das Mehl, das Backpulver, das Meersalz und den Vollrohrzucker vermischen. Die Milch, den Joghurt und das Ei verquirlen und dazugeben. Die Masse so lange rühren, bis ein glatter Teig entstanden ist.

Für die dunkle Masse die Kuvertüre in einem Wasserbad schmelzen. Die Butter zusammen mit dem Muscovadozucker aufschlagen, das Ei, die abgekühlte Schokolade, die gestoßenen Kakaobohnen und den Espresso dazugeben. Mehl und Kakaopulver dazugeben und die Masse zu einem glatten Teig verrühren.

Die dunkle Masse auf die helle Masse geben und die Teige mit einer Gabel spiralförmig so ineinander rühren, dass beide Farben noch gut zu erkennen sind – wer zu lange rührt, erhält eine einzige hellbraune Masse.

Die vorbereiteten Förmchen bis zur Hälfte füllen und die Muffins ca. 20 Minuten backen. Kurz abkühlen lassen, aus den Förmchen lösen und noch warm servieren.

Tipp

Muscovadozucker stammt aus Mauritius. Der dunkelbraune Rohrzucker mit Karamellaromen besitzt eine natürliche Feuchtigkeit.

Getrocknete rohe, gestoßene Kakaobohnen ohne Zusatzstoffe sind im Stromberg*-Shop oder im Feinkost-Schokoladengeschäft erhältlich und haben einen fein-herben Geschmack.

Rübli-Muffins

mit Nüssen

Für die Muffins
200 g Karotten
165 g Vollrohrzucker
1/2 unbehandelte Zitrone, Saft und
  Abrieb
4 Eier aus Freilandhaltung
1 Eigelb
150 g Mehl, Type 550
1/2 EL Backpulver
100 g Haselnüsse, gerieben
100 g Butter, flüssig

Für die Glasur
60 g Frischkäse
125 g Puderzucker
2 EL Zitronensaft

Für die Rübchen
50 g Marzipan
grüne, gelbe und rote Lebensmittelfarbe

Außerdem
Butter für die Backförmchen
geriebene Mandeln für die
  Backförmchen

Zubereitung

Für die Muffins die Karotten schälen und auf einer feinen Reibe raspeln. Die feinen Raspeln mit 75 g Vollrohrzucker, dem Zitronensaft und Zitronenabrieb vermischen und 10 Minuten ziehen lassen. Den Backofen auf 180 °C vorheizen.

Die Eier und das Eigelb mit dem restlichen Vollrohrzucker schaumig schlagen und mit den Karotten vermischen. Dann das Mehl, das Backpulver, die Haselnüsse und die flüssige Butter unterheben. Kleine Muffinförmchen mit Butter ausstreichen und mit geriebenen Mandeln bestreuen. Den Teig einfüllen und die Muffins im Ofen ca. 20 Minuten backen. Dei Muffins danach auf einem Gitter auskühlen lassen.

Inzwischen für die Rübchen 40 g Marzipan mit der gelben und der roten Lebensmittelfarbe orange und den Rest des Marzipans grün färben. Daraus kleine Rübchen formen (oder einfach Marzipanrübli beim Konditor kaufen).

Nun für die Glasur den Frischkäse glatt rühren. Den Puderzucker in den Frischkäse sieben und Zitronensaft dazugeben. Die Muffins mit der Glasur bestreichen und mit den Marzipanrüben belegen. Oder – wie auf dem Foto zu sehen – einfach nur pur genießen.

Mandelküchlein

mit Feigen

125 g Vollrohrzucker
125 g Butter (weich, aber nicht flüssig)
190 g Mandeln, gerieben
25 g Puddingpulver, Vanille

15 ml Rum
4 Eier aus Freilandhaltung
3 Feigen

Zubereitung

Den Backofen auf 200 °C vorheizen. Alle Zutaten außer den Feigen mit einer Rührmaschine 10 Minuten schaumig aufschlagen. Die Masse (ergibt etwa 12 Küchlein) in beschichtete Teflonförmchen füllen.

Die Feigen waschen, in vier Scheiben schneiden und je 1 Scheibe auf die Mandelmasse in den Förmchen legen. Die Küchlein im Ofen ca. 10 Minuten goldbraun backen, herausnehmen, etwas auskühlen lassen und vorsichtig stürzen.

Tipp

Die Mandelmasse eignet sich auch für andere Früchte, z. B. Blaubeeren, Physalis oder Aprikosen.

Fruchtkuchen

»Schwarz-Rot-Gold«

Zutaten

125 g Butter, weich
125 g Vollrohrzucker
1 Päckchen Vanillezucker
1 Prise Meersalz
3 Eier aus Freilandhaltung
200 g Mehl, Type 550
2 TL Backpulver

2 – 3 EL Milch
2 EL Aprikosenmarmelade
1 Thai-Mango, reif
125 g Heidelbeeren
125 g Himbeeren
1 Päckchen Tortenguss, klar

Zubereitung

Den Backofen auf 180 °C vorheizen. Eine quadratische Backform (25 cm x 25 cm) mit Backpapier auslegen.

Die weiche Butter zusammen mit dem Vollrohrzucker, dem Vanillezucker und dem Meersalz mit dem Schneebesen des Handrührgerätes so lange schaumig schlagen, bis sich der Vollrohrzucker ganz aufgelöst hat. Die Eier nach und nach unterrühren. Das Mehl und das Backpulver vermischen und abwechselnd mit der Milch löffelweise unter die Masse rühren.

Den Teig in die Form geben, glatt streichen und in den Backofen schieben. Den Kuchen ca. 40 Minuten backen und anschließend gut auskühlen lassen.

Die Aprikosenmarmelade mit 2 EL Wasser verrühren und 2 Minuten kochen lassen. Anschließend mit einem Pinsel damit die Oberfläche des Kuchens bestreichen, damit er saftig bleibt.

Die Mango schälen und in schöne, gleichmäßige Streifen schneiden.

Den Kuchen gedanklich quer in drei gleich große Teile teilen, sodass später die »Deutschlandfahne« entsteht. Das obere Dritte mit den Heidelbeeren belegen, dann die Himbeeren in das mittlere Drittel legen und die Mangostreifen im unteren Drittel verteilen.

Den Tortenguss nach Packungsanweisung anrühren und über die Früchte gießen. Erst wenn der Guss fest ist, den Kuchen aus der Form lösen, auf eine Platte setzen und servieren.

»Magenfreundlicher Sandboden belegt mit Vitaminbomben – ein solcher Fruchtkuchen ist Hauptbestandteil jeder Kaffeepause der Deutschen Fußball-Nationalmannschaft.«

Orangen-Mandel-Tarte

mit Aprikosenmarmelade

Zutaten

Für den Teig

175 g Mehl, Type 550
1 TL Backpulver
170 g Vollrohrzucker
100 g Mandelgrieß
3 Eier aus Freilandhaltung
1 unbehandelte Orange, Saft und Abrieb
175 g Butter, weich
25 g Mandeln, gehobelt

Außerdem

Mehl für die Backform
Butter für die Backform
3 EL Aprikosenmarmelade
3 EL kochendes Wasser

Zubereitung

Den Backofen auf 180 °C vorheizen. Eine Backspringform (Durchmesser ca.30 cm) mit Butter ausstreichen und mit Mehl bestäuben.

Das Mehl mit dem Backpulver, dem Vollrohrzucker und dem Mandelgrieß vermischen und die Eier, den Orangensaft, den Abrieb und die Butter dazugeben. Alles zu einem glatten Teig rühren. Den Teig in die Backform füllen und mit den gehobelten Mandeln bestreuen. Die Tarte auf mittlerer Schiene im Ofen etwa 1 Stunde backen.

Die Aprikosenmarmelade im Wasser aufkochen und 1 Minute kochen lassen. Dann mit einem Pinsel den noch warmen Kuchen damit bestreichen. Die Tarte warm oder kalt genießen!

Torta della Nonna

mit Limone und Pinienkernen

Zutaten

Für die Füllung
4 unbehandelte Zitronen
10 Eier aus Freilandhaltung
350 g Vollrohrzucker
250 g Schmand

Für den Teig
300 g Mehl, Type 550
1 TL Backpulver
120 g Vollrohrzucker
100 g Butter

2 Eier aus Freilandhaltung
2 EL Wasser
1 Eigelb
2 EL Milch
50 g Pinienkerne

Außerdem
Mehl für die Arbeitsfläche
Butter für die Form
etwas Puderzucker zum Bestäuben

Zubereitung

Für die Füllung die Zitronen heiß waschen, die Zitronenschale abreiben und die Zitronen auspressen. Die Eier, den Zucker und den Schmand mit dem Saft und dem Abrieb verrühren und das Ganze in einem Wasserbad erwärmen. Dabei immer wieder rühren, bis die Masse nach etwa 1 Stunde dicklich wird. Die Masse dann abkühlen lassen.
Für den Teig das Mehl, das Backpulver, den Vollrohrzucker und die Butter verkneten, dann die Eier und das Wasser dazugeben und alles zu einem glatten Teig verarbeiten. Diesen 30 Minuten kalt stellen.
Danach den Backofen auf 180 °C vorheizen. Zwei Drittel des Teigs auf einer mit Mehl bestreuten Fläche ausrollen und in einer gefetteten Form auslegen – geeignet ist etwa eine recheckige Form 10 x 35 cm oder eine Springform mit ca. 25 cm Durchmesser. Den Rand gut festdrücken, dann die Füllung darauf verteilen. Nun den restlichen Teig ausrollen und die Form damit bedecken. Die Kanten fest aneinanderdrücken, um sie zu verschließen. Das Eigelb mit der Milch verquirlen und den Teig damit bestreichen. Die Tarte mit den Pinienkernen bestreuen und in 40 Minuten goldbraun backen.
Die Tarte danach gut auskühlen lassen und mit Puderzucker bestäuben.

Schokoladen-Mandel-Kuchen

Seelenmassage pur!

Zutaten

Für den Teig
180 g dunkle Schokolade mit mindestens 75 Prozent Kakaoanteil
1 Vanilleschote, Mark
250 g Butter
80 g Marzipan
5 Eigelbe
200 g Puderzucker

60 g Mandelgrieß
90 g Mehl, Type 550
5 Eiweiße
1 Prise Meersalz

Außerdem
Butter für die Form
Mehl für die Form

Zubereitung

Die Schokolade zusammen mit dem Vanillemark und der Butter in einem Wasserbad
schmelzen. Das Marzipan glatt rühren. Die Eigelbe zusammen mit dem Puderzucker
mit dem Schneebesen eines Rührgeräts schaumig schlagen. Die geschmolzene Schokolade unter die Eigelb-Puderzucker-Masse geben. Anschließend den Mandelgrieß,
das weiche Marzipan und das Mehl untermischen.
Den Ofen auf 200 °C vorheizen, eine Kastenform buttern und mit Mehl bestäuben.
Die Eiweiße zusammen mit dem Meersalz steif schlagen, vorsichtig unter die Schoko-
ladenmasse ziehen und diese in die Kastenform abfüllen. Den Kuchen 20 Minuten
backen, dabei mit einem Messer oder einem Holzspieß testen, ob er schon gar ist.
Dann aus der Form nehmen und auf einem Gitter etwas auskühlen lassen. Den Kuchen
warm servieren.

Tipp

Verwenden Sie eine richtig gute Schokolade. Dunkle Schokolade ist nicht nur gut für
die Seele, sondern auch fürs Herz: Schokolade mit einem Kakaoanteil von mindestens
70 Prozent kann die Herzkranzgefäße erweitern.

DRINKS

Chai-Tee

Genuss orientalisch

Zutaten

3 Kardamomkapseln, grün und ganz
1 Ingwerstück, walnussgroß
3 Tassen Wasser
2 Tassen Biomilch
2 Gewürznelken

1/2 EL Fenchelsamen
1/2 TL Anis
1/2 Zimtstange
3 EL Vollrohrzucker
2 EL Assam-Tee

Zubereitung

Die Kardamomsamen zerdrücken. Die Ingwerwurzel schälen und in Scheiben schneiden. Alle Zutaten bis auf den Tee in einem Topf zum Kochen bringen, umrühren und dann bei geringer Hitze im offenen Topf 1 Minute köcheln lassen.

Den Tee dazugeben und alles noch einmal aufkochen. Dann sofort die Hitze auf die kleinste Stufe reduzieren und den Chai-Tee 10 bis 15 Minuten ziehen lassen. Anschließend durch ein Sieb gießen und sofort servieren.

Tipp

Zu dieser würzigen Abwechslung im Kaffee-Alltag passen als kleiner Snack hervorragend Macadamianüsse.

Zitronengras-Eistee

mit Thai-Basilikum

Zutaten

600 ml Wasser
4 EL Schwarztee (z.B. Earl Grey)
2 Stängel frisches Zitronengras
2 TL Vollrohrzucker
100 ml Grapefruitsaft

2 EL Limettensaft
Eiswürfel
ca. 10 Thai-Basilikumblättchen
   (ersatzweise normale Basilikumblättchen)

Zubereitung

Das Wasser zum Kochen bringen, den Tee mit dem sprudelnd kochendem Wasser übergießen und 6 Minuten ziehen lassen. Vom Zitronengras ein oder zwei äußere Blätter entfernen, die inneren Blätter in feine Röllchen schneiden. Diese zusammen mit dem Vollrohrzucker in einen Topf geben, mit dem Tee übergießen und alles ganz abkühlen lassen. Dann den Grapefruitsaft dazugeben, das Ganze mit Limettensaft abschmecken und mit Eiswürfeln und den Basilikumblättchen servieren.

Erdbeer-Limonade

Herrlich an heißen Sommertagen

Zutaten

8 Erdbeeren
2 Zitrcnen
4 EL weißer Zucker

500 ml Carpe Diem Botanic Water,
   harmonisierend
300 ml Wasser

Zubereitung

Die Erdbeeren quer in runde Scheiben schneiden und auf einen Cocktailspieß stecken. Die Spieße dann in hohe Longdrink-Gläser stellen. Die Zitronen auspressen und den Saft zusammen mit dem Zucker kurz erwärmen, damit sich dieser auflöst. Das Ganze anschließend mit dem Carpe-Diem-Getränk und dem Wasser vermischen und gut gekühlt in den vorbereiteten Gläsern servieren.

Geeister Tee

mit Ingwer-Pfefferminz

Zutaten

1 kleines Stück Ingwer
1 Bund Minze
4 EL Vollrohrzucker

1 l Wasser
Eiswürfel

Zubereitung

Den Ingwer schälen und in Scheiben schneiden. Die Minze waschen, gut abtropfen lassen und die Blätter abzupfen, einige Minzeblätter zur Seite legen. Ingwer, Minze und Zucker zusammen in ein Gefäß geben. Das Wasser aufkochen und darübergießen. Das Ganze erkalten lassen, abgießen und zusammen mit Eiswürfeln und den aufbewahrten frischen Minzeblättern servieren.

Tipp

Ingwertee wird in der asiatischen Alternativmedizin z.B. bei Rheuma, Muskelschmerzen oder Erkältung verordnet. Er fördert die Verdauung und beseitigt Magenkrämpfe. Bereits der weise Konfuzius im alten China schwärmte vom Ingwer und soll keine seiner Speisen ohne die würzige Zutat genossen haben!

Johannisbeerschorle »Spezial«

mit Orangen

Zutaten

1 unbehandelte Orange
300 ml Johannisbeersaft
300 ml Mineralwasser mit Kohlensäure

Zubereitung

Die Orange unter sehr heißem Wasser abwaschen und mit einem Sparschäler die Schale dünn abschälen. Die Hälfte der Orange in Scheiben schneiden, den Rest auspressen. Den Johannisbeersaft und das Mineralwasser mischen, den Orangensaft, die Orangenscheiben und die Schale dazugeben. Gekühlt servieren.

Mango-Lassi

mit Akazienhonig

Zutaten

200 g Thai-Mango, reif
250 g Bio-Joghurt
130 ml Milch
4 TL Akazienhonig
1 TL Zitronensaft

Außerdem
Minzeblätter, frisch
oder
einige Mangoschnitze

Zubereitung

Die Mango schälen und würfeln. Die Mangowürfel zusammen mit dem Joghurt, der Milch und dem Honig im Mixer fein pürieren und mit etwas Zitronensaft abschmecken. Das Mango-Lassi gekühlt servieren und nach Belieben mit frischer Minze oder Mangoschnitzen garnieren.

Danksagung

In meinen bisherigen Jahren als Koch und Küchenchef bin ich immer wieder Menschen begegnet, die mich tief beeindruckt und die vorbehaltlos an mich geglaubt haben. Menschen, ohne die ich nicht da wäre, wo ich jetzt bin. So ist auch dieses Buch mit vereinten Kräften und moralischer sowie handfester Unterstützung entstanden. Dafür sage ich von ganzem Herzen: danke!

Vielen Dank an den Deutschen Fußball-Bund für die Chance, diese großartige Aufgabe übernehmen zu können und das hundertprozentige Vertrauen in mich und meine Arbeit. Und natürlich an die Spieler und Betreuer für die herzliche Aufnahme in einem ganz besonderen Team. Ihr seid der Wahnsinn!

Ich danke Valerie Henrich, meiner Küchenchefin, sowie meinen Küchenrowdys Philipp Jüngling und Thomas Messerer, ohne deren unermüdlichen Einsatz dieses Buch nie in so kurzer Zeit entstanden wäre. Tausend Dank auch an meine Teams in der f.e.b., im G-Munich und im Gasthaus, die mir unermüdlich den Rücken stärken und die in meiner Abwesenheit ganz grandios die Stellung halten. Danke*

Ein herzliches Dankeschön geht an meine Verlegerin Anja Heyne, die vom ersten Augenblick an mich geglaubt hat. Frau Heyne ist eine Grande Dame voller Energie, die mich durch ihre Geradlinigkeit immer wieder sehr fasziniert. Mein Dank gebührt auch meiner Lektorin Heike Gronemeier und Anette Hrubesch dafür, dass dieses Buch auch ein Lesebuch geworden ist.

Für sensationelle Fotos geht mein Dank an Stefan Braun und sein Team, Erik Mosoni und Maxim Mokil.

Ich bedanke mir bei meinen Gästen und Kunden, die mehr für mich sind als eben nur Gäste und Kunden. Ein Dankeschön geht an meine Freunde, bei denen ich immer willkommen bin, obwohl ich nie genug Zeit für sie habe.

Vielen, vielen Dank an meine Eltern, die im Geiste immer bei mir waren und weiter sein werden. Ich liebe Euch. Und ich sage »Danke« zu dir, Nikita. Dafür, dass du mir zu meinem Glück immer noch nicht weggelaufen ist, obwohl ich so oft nicht bei dir sein kann. Ich liebe Dich!

Register

Impressum

Mit freundlicher Unterstützung von **BOSCH** **GAGGENAU**

www.collection-rolf-heyne.de

Fotografie: Stefan Braun, München

Abbildung Seite 7: Markus Gilliar, GES-Sportfoto, Dettenheim

Text: Aufgezeichnet von Annette Hrubesch, München

Rezeptredaktion: Barbara Rusch, München

Coverdesign und Buchgestaltung: Collection Rolf Heyne

Satz und Layout: Werbeagentur Sabine Dohme, Planegg

Lithografie: Lorenz & Zeller, Inning am Ammersee

Druck und Bindung: Passavia, Passau

Printed in Germany

ISBN 978-3-89910-385-4